人情力

师风玉·著

人情翻覆似波澜

予人玫瑰，手留余香

中国出版集团　现代出版社

图书在版编目(CIP)数据

人情力:人情翻覆似波澜／师风玉著. —北京：现代出版社，2014.2
(2021.3 重印)

(身心灵魔力书系)

ISBN 978 - 7 - 5143 - 1973 - 6

Ⅰ. ①人… Ⅱ. ①师… Ⅲ. ①人际关系学 – 青年读物
②人际关系学 – 少年读物 Ⅳ. ①C912.1 – 49

中国版本图书馆 CIP 数据核字(2014)第 029933 号

作　　者　师风玉
责任编辑　王敬一
出版发行　现代出版社
通讯地址　北京市安定门外安华里 504 号
邮政编码　100011
电　　话　010 – 64267325　64245264(传真)
网　　址　www.1980xd.com
电子邮箱　xiandai@cnpitc.com.cn
印　　刷　河北飞鸿印刷有限责任公司
开　　本　700mm × 1000mm　1/16
印　　张　11
版　　次　2014 年 2 月第 1 版　2021 年 3 月第 3 次印刷
书　　号　ISBN 978 – 7 – 5143 – 1973 – 6
定　　价　39.80 元

P 前 言
REFACE

- -

为什么当代的青少年拥有幸福的生活却依然感到不幸福、不快乐？怎样才能彻底摆脱日复一日的身心疲惫？怎样才能活得更真实快乐？

对于每个人来讲，你可能是幸福的、满足的，也可能是不幸福的。因为你有选择的权利。决定你选择的因素只有一点，那就是你是接受积极的还是消极心态的影响。而这个因素是你所能控制的。

你是否觉得烦恼、孤寂、不幸、痛苦？你是否感受过快乐？你是否品尝过幸福的味道？烦恼、孤寂、不幸、痛苦、快乐、幸福，这些都是形容词，而所有的形容词都是相对而言的。没尝过痛苦，又怎知何谓幸福的人生？总是到紧要关头才发现，幸福早就放在自己的面前。人的幸福，是人们对它的理解和感觉所赋予的，其实，幸福与否只在于你的心怎么看待。不幸又岂非人生之必经？有时候很奇怪，每每拥有幸福的时候，人往往不懂得这些就是幸福，总是要到失去以后才发现，幸福早就放在了自己的面前。

肚子饿坏时，有一碗热腾腾的面放在你眼前，是幸福；累得半死时，有一张软软的床让你躺上去，是幸福；哭得伤心欲绝时，旁边有人温柔地递过来一张纸巾，是幸福……幸福没有绝对的定义，幸福只是心的感觉。幸福与否，只在于你的心怎么看待。你要是总感觉自己钱没有别人多，地位没有别人高，妻子没有别人的漂亮，丈夫没有别人的体贴，孩子没有别人的聪明，你能感到幸福吗？

越是在喧嚣和困惑的环境中无所适从，我们越觉得快乐和宁静是何等的难能可贵。其实"心安处即自由乡"，善于调节内心是一种拯救自我的能力。当人们能够对自我有清醒认识，对他人宽容友善，对生活无限热爱的时候，一个拥有强大的心灵力量的你将会更加自信而乐观地面对现实，面向未来。

本丛书将唤起青少年心底的觉察和智慧，给那些浮躁的心清凉解毒，进而帮助青少年创造身心健康的生活，来解除心理问题这一越来越成为影响青少年健康和正常学习、生活、社交的主要障碍。本丛书从心理问题的普遍性着手，分别描述了性格、情绪、压力、意志、人际交往、异常行为等方面容易出现的一些心理问题，并提出了具体实用的应对策略，以帮助青少年朋友科学调适身心，实现心理自助。

C目　录
ONTENTS

第六章　只有双赢才能长久

第一章
从信任开始学人情

"在家靠父母，出门靠朋友"，这是一句老话了。事实就是这样，多一个朋友多一条路，只有朋友多了你才更容易踏上成功的旅程。

人际关系一个最基本的目的就是结人情，有人缘。求人帮忙是被动的，可如果别人欠了你的人情，求别人办事自然会很容易，有时甚至不用自己开口，别人就主动提出来帮你了。

做人做得如此风光，大多与善于结交人情，乐善好施有关。晴天留人情，雨天好借伞，这是开发利用人际关系资源的灵丹妙药。

化敌为友的技巧

从公安大学毕业不久的刑警小宋，最近按照上司刑警队陈队长的要求去某村调查一起案件。该村前不久曾发生过一起部分村民跟前来解救被拐卖妇女的警方人员对抗冲突的事件，后虽公平协商解决，但警民关系很紧张。

小宋在走访中发现，群众由于和自己不熟，纷纷怀疑小宋是来翻旧账的，因此几乎都支支吾吾地语焉不详，不肯配合自己的工作。跑了一个下午，小宋只搜集到少量没有任何价值的情报，只好灰溜溜地开车回到警队，向陈队长诉苦。

陈队长听了小宋汇报的情况后说："这样吧，明天等我有时间了，我跟你一起去看看。"

结果第二天，小宋在陈队长的带领下，顺利地走访了大量该村群众。而且大多数村民都很配合警方的工作，和小宋单独前往时的情况有天壤之别。在村民的帮助下，他们获得了一条侦破案件的重要线索，此后不久就顺利地逮捕了犯罪嫌疑人。

陈队长究竟有什么样的锦囊妙计，可以迅速安抚住多疑的村民，以争取到他们的信任，帮助自己开展工作呢？在现实生活和工作中，我们经常需要面对一些类似的问题——如果你想从某些人那里了解情况，首先必须赢得对方的信任。接下来，我们结合陈队长的例子，解析一下具体的技巧。

告诉对方一些秘密，以换取对方的信任

比起人的外部行为来，人的自我认知对人的信念有更强的影响力。在利用外部行为改变交往对象看法不现实的情况下，可以利用人的心理的这

一特点,用改变影响对方自我认知的方法,改变对方的某些信念,从而轻而易举地赢得对方的信任。

根据这一理论,如果你的交际对象是一个嘴不太严的人,你就可以在一定范围内、以不招致任何人的反感为前提,告诉对方一个秘密或任何个人的事,以表现自己对对方的信任。不过在做这件事的时候,不可太主动,必须设法给对方造成一种你的泄密是对方争取到的效果。要不然人家就有可能把你当成是嘴没把门的、跟谁都喜欢乱说的傻瓜。如果对方意识到你对他的信任,他就更倾向于信任你。这绝不是出于讨好的目的,而是一种投桃报李的自然反应。

当日,陈队长领着小宋,遇见第一个在村头闲坐的农民时,采用的就是这一技巧。陈队长先跟村民寒暄了几句,自然过渡到双方都很关注的警民冲突事件,然后把一些村民很关心、同时不可能了解的警方内部的处理内幕告诉了对方。

村民由于好奇,不免话越说越多,同时觉得这警察连自己的家底都肯告诉自己,也是一个实在人,对陈队长戒心顿消。陈队长于是就与这个村民建立起某种程度的信任关系。两人越唠越近乎,村民渐渐管不住自己的嘴巴,也把村里的很多事情——包括陈队长和小宋想了解的情况,知无不言地告诉了陈队长。小宋在旁边不时插言,不等陈队长使眼色,已经掏出记录本,刷刷地记了起来。

一般而言,你告诉了人家一些你的秘密,这不一定就能使对方在心理上变得跟你立刻亲近起来,但是对方心理上会产生一种回应你的冲动,不把自己的某些事情告诉你,心里就总觉得不平衡。这样一来,他就不得不跟你坦诚相见,暂时把心机、权术一类的东西抛之脑后。

在这一瞬间对方的心理会发生很微妙的变化。一旦对方把某一件事情告诉你了,立刻就会变得比此前没告诉你的时候更加信任你。对方告诉你的事情越多,就越会觉得你靠得住。一旦开头,对方就会越来越控制不住形势,忍不住把更多的秘密交给你的大脑保管。

人们一旦跟你分享了某些秘密,就会变得更加信任你。这一无意识的心理过程存在这样的心理逻辑:"我为啥告诉他这么多事儿啊?信任他呗。"反之,如果对方觉得自己告诉你很多事情,还不信任你,就会迅速陷入心理冲突之中——对方当然不肯承认自己是一个傻瓜。为了达到行为、心理的和谐统一,他必须化解不信任你、还跟你说了很多秘密这一矛盾,必须变成真正信任你。

与对方讨论不易引起猜忌的话题

陈队长一行遇到的第二个村民,是一个嘴巴比较严的人。陈队长意识到对方的戒备心很强,前面的策略不好使,就使用了跟对方闲扯这一技巧。

这个技巧的具体内容是,如果你的交往对象是一个嘴巴很严的人,从来不随便说任何有可能引起争议的话,那么你可以跟对方讨论一些神秘新奇事物,比如神仙鬼怪、外星人、试管婴儿等,征求对方对这些事物的看法。

对方多半会说,自己没考虑过这类事情,反正跟自己没啥关系。在某种程度上这就算是对方已经向你敞开心扉了,因为对方说的绝对是实话:对方刚刚把自己的脾气秉性告诉了你,人家是一个很现实、不关心神秘新奇事物的人士。

对方也有可能会谈一谈自己的观点,而且不会在谈论这种问题时进行很严密的心理设防,因为这种话题跟我们的切身利益没有直接的关系。

如果你能成功地跟对方进行上述交流,在一定程度上,你们之间就已经建立起一种更密切的关系,对方也开始不由自主地对你信任起来。

以第二个村民为例,虽然他开始时并不信任陈队长,但只要他开口跟陈队长交流自己的观点,就意味着已经开始跟陈队长分享秘密;这个语言阀门一旦打开,接下去就往往是不设防的区域了。

神秘新奇事物这类话题能让对方放心,是因为这种嘴巴严的人,在待人接物时往往会习惯性地这么思考:"这事儿对我有什么不利?要是乱说话会不会把自己搭进去呢?"结果分析下来,发现神鬼之类的家伙多半是子虚乌有,跟自己八竿子搭不着,不可能对自己构成威胁。于是胆子大起来,觉得乱说几句其实也无妨。

对方阐述了自己的观点后,你注意不要跟人家争论,因为要是对方发现你们之间"恰好"在这个问题上有一致的观感,你们的心理联系就会进一步密切起来。

诱导对方发泄自己的情绪，谁都有说走嘴的时候

　　除了上面的两种方法，你也可以通过诱导对方发泄情绪的方式，增强对方跟你沟通的心理需要。陈队长跟村民交流所使用的第三个赢得信任的技巧，就是这个套路。

　　具体做法就是跟村民唠家常，诱导对方发泄对社会现象、生活及个别人的情绪。只要对方愿意跟你唠叨，就意味着已经开始信任你了。根据陈队长后来跟小宋的说法，这个技巧也是有一定的理论基础的，并非凭空捏造。

　　一些研究者曾经做过一个实验：在实验中，受试者被分成三组，分别扮演被恐怖分子劫持的人质，参与军事演习。第一组被要求注意观察事件发生的环境；第二组被要求注意体验自己的情感心理反应；第三组则没有任何要求。结果发现，在高度紧张的演习过程中，第二组的受试者要求进行情感交流并寻求营救的愿望是最强烈的。

　　这个实验可以解释女性比男性更喜欢进行情感交流的原因，女性常常抱怨自己的男朋友或丈夫跟自己交流得太少、不关心自己，而男性却经常抱怨女人废话太多。这是因为男性更专注于事物，而女性则更关注情感的缘故。

　　假如你能成功地诱使对方发泄自己的情绪，那对方就会无意识地被逼上寻求你的帮助，与你进行情感交流、秘密分享的路上来。要做到这一点其实也很简单，就是要跟对方讨论对方的日常生活状况，唠点家常，闲谈点对大众民生、社会风气甚至国家大政方针的感受，而不要过于功利地直奔自己最想知道的实际主题，就事论事。

　　谈天说地并不犯毛病，因为老百姓就喜欢做这件事。愿意跟别人一起唠家常，本身就代表了一种亲近的感受。

　　任何人在生活中都难免会遇到一些不顺心想跟人唠叨，或希望吹嘘炫耀一把的事情，只要你过渡、诱导合理，不会引起对方的戒心和反感，对方多半会乐意跟你唠这些事情的。等到后来说顺嘴了，建立起信任感了，就有可能跟你无话不谈了。

　　但需要记住的是，跟对方讨论对当前生活的感受时，不要对具体细节追问得过于仔细。要给对方造成一种印象：你这么问，不是出于别有用心而是

出于关心。过于执着的态度,有可能导致对方产生你只是对事情而不是对人有兴趣的印象。

向对方预支好处,以交换想要的情报

想赢得广大人民群众的信任,以便进一步从人家那里获得信息,你还可以在适当的时候,预先答应给点好处与对方等价交换信息。心理战术是挺好使的,不过也并不总是有效,有时来点实际的回馈更能打动人心。如果对方麻烦缠身,你就可以告诉对方你愿意尽自己所能地帮助对方。既从情感上亲近,又从现实中给予实际的好处,对方想不对你敞开心扉都难啊。

陈队长在某村使用了这样的技巧。每逢遇见村民,他经常顺口漫不经心说出这样一句话:"这就算认识了,以后公安这片儿有事就去刑警队找我"。

相对于警方,个体的村民处于弱势,而谁也不敢说将来一定不会遇上意外,永远不需要跟警方打交道。多一个朋友多一条路,大家都希望有个熟人在警队里方便办事。在作为刑警队长的陈队长主动大包大揽的情况下,村民自然乐意顺水推舟地认下这门"干亲戚"。既然双方都是亲戚了,陈队长要点情报,有啥不可。

打消对方的畏惧指责心理

在有些情况下,对方做过一些亏心事,是对你敞开心扉吐露真言的最后一道障碍,因为担心你对他们的看法。在这种情况下,要想赢得对方的信任,首先需要打消对方对你的疑虑。得让对方明白你并没有担当道德良心审判员的企图,而且对方的所作所为也不算什么,犯不上后悔或不好意思。很多人都做过同样的事情,而且更过分。同时,你也可以把自己的一些糗事跟对方适当地暴露一下,进一步拉近双方的心理距离。

这种情况在曾经发生过警民冲突的某村,体现得特别明显。有些村民过去跟警方有过冲突,或就算自己没有牵涉进去,还可能有亲戚、街坊牵涉进去,所以很担心一不小心说错话,给自己或别人造成麻烦。部分村民正是基于类似的心理,不乐意配合警方。

针对这种心理,陈队长在跟村民聊天的过程中,主动向村民通告了警方对于警民冲突事件的自我反省,跟大家讲明那件事已经告一段落,并说清此行的来意,很快有力地消除了村民的顾虑。

魔力悄悄话

对方意识到你对他的信任,他就更倾向于信任你。这绝不是出于讨好的目的,而是一种投桃报李的自然反应。

让别人说出有用的信息

有时向别人打听事情,可对方却模棱两可地糊弄你。你虽然得到了答复,但是却没得到任何有用的信息。这种情况,我们每个人都遇见过。接下来我们要研究的这个技巧就是专门帮你应付这种情况的,可以保证让那些含糊应付你的人,像竹筒倒豆子一般,把所有真话毫无保留地告诉你。

提出明确的问题,才能得到明确的答案

首先,让我们看以下两个例子,研究一下怎样才能从含糊的信息中提炼出准确的信息来。

某公司开完产品发布会,员工小苏跟凯丽说:"我觉得今天这会没开好。"凯丽问:"你咋有这种印象呢?""我也不知道,总的来说效果还不错!"凯丽想知道小苏对会议的看法,小苏却给她来个讳莫如深。

如果凯丽换一种问法,情况可能就大不一样了。如果小苏说:"我觉得今天这会开得没啥意思。"凯丽这样问他:"也许会有客户感兴趣吧?"或者"有人说什么了吗,还是你自己的感觉?"小苏就不得不说点什么了。

要是我们想得到明确的答案,首先必须问得明确,这样对方回答的时候就没法含含糊糊了。

提出指导性的问题,帮对方搞清楚思路

雪洁即将大学毕业,男朋友荣哲告诉她一家银行招考职员的信息,要她

赶紧去报名。雪洁看了看招聘信息，却一点也提不起兴趣来："我估计我去也是白去。"

"你是怎么想的呢？你确定去也是白去吗？"

雪洁没好气地回答："我就是不知道！不可以吗？"

如果荣哲换个方式和雪洁交流，他可以说："你觉得你哪方面不行呢"或者"你感觉哪些方面不符合人家的条件"，情况可能就会好一些。雪洁也不得不具体地回答荣哲的问题，荣哲也就可以相应地在某些方面给她鼓励，或者帮她出谋划策。

人们在说话时，常常脱口而出，有时自己也不完全清楚自己的想法。如果你在提问时能有相对具体的指向，必然可以帮助对方理清思路，这样，对方当然也可以相应地给你一个更明确的答复。

人们都不喜欢被别人诘难，因此当你问对方的想法和感觉时，人们经常倾向于用"我不知道"来答复你。因为这是停止追问的最快最省力的办法，你要想知道为什么就自己去思考吧。

当凯丽采用笨拙的方式问小苏"你怎么有这种印象呢"的时候，小苏会不由自主地说"我也不知道"，这在某种程度上只是他在下意识地作自我保护。在接下去的谈话中，要是凯丽可以使用下面这些问话方式，她就有可能得到完全不同的答案。比如她可以这样诱导小苏说：

"是吗？那你跟我说说你为啥会有这种想法吗？"

"我知道你不知道，不过要是我非让你说呢，你觉得这种会议怎么才能开得效果更好一点呢？"

"不可能完全一棒子打倒吧？总得有一星半点的好地方吧，你说呢？"

"以前遇见过类似的糟糕情况吗？"

"那你从感觉的角度来评价一下今天的会吧，可以吗？"

"不知道？你总得给我个不好的理由吧？哪怕就一个也好。"

"你能否用一个字来描绘一下你对会议的感受呢？"

在上面这些问话中，凯丽没有进一步给小苏施加压力。她承认让小苏把事情说明白有一定的难度。所以她改变了话题，要小苏说点别的事情。而实际上她的新问题却指向最初的问题，只不过是把谈话引向了更具体的方面。

说"我不知道"也可能意味着说话的人为自己的过错或愚蠢感到羞愧或紧张。用上面的表达方式，也可以减轻对方的心理压力。这种表达方式有效力的原因就在于,使被问到的人不必再担心说了实话以后面临被审判的风险,不必再担心自己的过错,反正也不是故意的;不必再对自己的行为负责,反正自己也不想那样,自己也不知道究竟是怎么一回事。当凯丽像上面这样与小苏说话时,潜台词是这样的:"我知道你不知道今天的会怎么会开成那样,但有些情况你也没办法控制,你觉得这方面的因素有哪些呢?"

魔力悄悄话

人们都不喜欢被别人诘难,因此当你问对方的想法和感觉时,人们经常倾向于用"我不知道"来答复你。因为这是停止追问的最快最省力的办法,你要想知道为什么就自己去思考吧。

从他人的建议里获得有益的帮助

据说,有些人征求别人意见时,往往已经心里有数,只不过宁愿现实是另外一种模样,所以才做出礼贤下士的样子问别人,其实只是抱着试试看的态度,幻想别人能帮自己开出一条新路来。还有一种情况是,问别人原因只是想让别人肯定自己的想法正确。假如用这样两种态度去征求他人的意见,说得不客气的话,就是逗人家玩,必然没办法从他人的建议里获得有益的帮助。

要是你真想从别人那里得到什么有用的东西,首先必须有开阔的胸襟,做到虚怀若谷才行。

因此,征求他人的意见,除了态度诚恳之外,还需要掌握一些微妙的技巧。

不跟身边的人问主意,避免同类嫉妒心理

第一个技巧是注意不要跟自己身边的人征求意见。比如说:你现在在一家环境很差的工厂上班。此时的你想辞掉工作去上学充电,如果问同事,对方会如何回答呢? 他们肯定会或多或少地嫉妒你的想法,并且多半会觉得你的想法太不切合实际。这时,你同事的逻辑是这样的:如果继续求学是更好的选择的话,为什么他们不那么做呢? 所以继续求学必须是没啥好处的,不仅适用于他们自身,也适用于你。当然,也不是说你的所有同事都会按照这个逻辑思维,可一般情况下,你是不能从他们那里得到有建设性的建议的。

避免与亲朋好友商量事，以免关心则乱

第二个技巧是不要向那些会因为我们的决定而遭受某种损失的人询问。征求意见的对象，越置身事外，我们越可能得到最有价值的建议。很多人遇事喜欢和朋友、家人商量，但他们都因为和你有密切的关系，本能地关心你的所作所为的产出和后果。这不是说他们不想你好，但是他们的判断会受到情感因素的影响，他们也可能将自己的喜好强加于你，而顾及不到你的个人感受。

广开言路作为参考，尽可能多地征求意见

第三个技巧是尽可能地征求不同人的意见。不管是打听道儿的小事还是咨询人生的大问题，都要尽可能多地咨询立场不同的人的意见。因为这将会极大地开阔你的视野。你问的人越多，视野就越开阔。多吸取不同的人的意见，你就有可能实现个人利益的最大化。

不过有时候你征求意见问的人也不能太多。比如一些问题所面临的选择无非就是两种：正确或者错误。你惟一不能确定的只是到底哪个是正确的。在这种情况下，你找一个能够比较客观地对待问题，而且对同类事情有经验的人请教就可以了。这个人应该知道问题的具体情况，并能有效地对你进行指导。

为什么不可以多请教几个人呢？原因在于，**人都是习惯性地从自己的角度出发看问题，大家各有说辞，你只会越听越糊涂。掌握真相的、能给你提供对你最有好处的意见的人，往往是某个亲身经历过同类事件的人。**

态度真诚坦率，求教于人就要相信人

在具体跟人家征求意见时，你可以直接这样说开场白："我想跟你请教点事情。"一般来说，人类在本性上都是好为人师的，因为这样可以证明自己

比别人优越。征求意见时，没必要扭扭捏捏地说话，因为最直接的求助就是调动对方积极帮助你的方式。

在要求对方表态前，还要把自己的想法告诉对方。这么做除了可以让对方了解到你的具体思考过程，还可以在某种程度上检验对方意见的可靠性。假如对方不等你说完，就忙三火四地打断你的话，那很可能意味着，这个人只有兴趣对你指手画脚，而并不真正关心你的福祉。

魔力悄悄话

实际上，我们经常无法从他人那里得到明智建议的原因就在于，难以找到那些始终在心里关心我们的最大利益、一点也不嫉妒、一点也不自以为是的人给我们出主意。

怎么批评人也是一种技巧

批评别人的确不是一件好玩的事情,没有人喜欢被别人批评,批评人很可能一不小心就得罪人。可有时候,我们就是那么无奈,还非得批评人不可。有些情况,是不能靠装傻充愣混过去的。此时光批评还不够,还必须能批评出问题来,要有强烈的针对性。在这种情况下,我们便可以使用下文中提到的技巧,避免伤害被批评者的自尊心,避免使人家感到尴尬,以达到既教育同志又不破坏团结的目的。

既批评人,又不得罪人,核心要素是考虑对方的自尊心。挨批评的人,在心理层次受伤害,本质上就是自尊心受到了伤害。

一般来说,每个人在心里对自己都有一个自我定位。如果他人给予一个人的评价、尊重程度,低于此人的自我定位,那么这个人的自尊心就会受到伤害。正像一个人自以为拥有美国总统一般的才智、权力和地位,你却仅仅拿他当小国的元首来尊重,对方必然会感到气愤。我们日常生活中的很多人际纠纷,本质上并没啥实际的利害冲突,起因都是自尊心受伤害。

自尊心是很容易受到伤害的,因为人往往倾向于高估自己,低估他人。人们对自己的评价和他人对自己的评价多半不一样。

从某种意义上来说,别人的批评与自己的自尊心之间有着本质上的冲突:因为批评一个人经常是对对方的个性、能力、言行作出较低水平的评价。要想尽可能地避免在批评时伤害到对方的自尊心,最好的方法就是尽量把批评的矛头指向非人的事物,或个人人格中次要的因素,同时尽可能地避免对对方进行整体性的抨击。

批评的方式有对有错,能否注意到照顾被批评者的自我意识,效果是大不相同的。你肯定有过这样的经验:有时候被人狠狠地批评了却呵呵地傻笑;有时候别人只是轻轻地说了你两句你就暴跳如雷。同样是批评,为什么会造成这样的区别呢?原因就在于对方的批评有没有伤及你的自我意识。具体来说,批评什么、怎么批评、在哪批评、啥时候批评,都和批评的效果息息相关,一点也马虎不得。

批评的时候,要是你能照顾到以下八个细节,你就可以达到照顾对方的自尊心,既批评别人又不冒犯他们的目的。

尽可能过后批评,以减轻对方的心理压力

首先,也是最重要的。我们要做到批评时注意不伤害被批评者的自尊心,就要选择恰当的批评时机。尽量避免在对方出现问题后立刻就开始批评人,而要等事情结束了以后再找机会批评对方。比如,小苏是一个嗜酒如命的人。他的一个朋友多次劝他戒酒或少喝一点,但从没在架着他的胳膊、扶着他回家的路上批评过他。第二天,小苏酒醒后,这个朋友才开始批评,此时的小苏都能诚恳接受。

从上面的例子可以看出,事后批评很有好处,因为这种做法不会给对方造成过大的心理压力和抵触情绪。当时就批评说明你很重视对方的问题,虽然你可以在口头上安抚对方说那根本不算啥大事,但对方照样会很敏感。

等过一段时间你再给人家"上课",对方便会有一种置身事外、与己无关的感觉,从而不会被伤害到自尊心,更容易接受你的批评。总之,批评的时间离问题产生的时间越近,对方越容易把批评和自己联系起来、越容易摆出一副保家卫国的强硬姿态来。

从善意的角度阐释批评:批评对方是为了对方好

同样批评的话,从不同的人嘴里说出来时,被批评者的感受和反应是绝对不同的。原因就在于:被批评者不可能怀疑亲人或朋友的用意,但是却会怀疑与己无关的人在蓄意贬低、伤害自己。当批评同敌意联系起来时,注定要遭遇强烈的反弹。

即使你跟被批评的对象之间,没有敏感的关系,也会不同程度地存在这种问题。为了避免这一点,你可以直接告诉对方,你批评对方,是为了对方好,是对对方负责。当然,具体说的时候,也得注意表达方式。

在私下单独批评,多少给人家留点面子

即使你认为对方的问题不是什么大不了的事情,也应该避开其他人为妙。人有脸,树有皮;打人别打脸,剪枝莫伤皮。当众批评人,对方就不仅要接受你的批评,还必须忍受示众的惩罚。

有时候人们很可能会怀疑你这么做的动机。当他们把你的行为解读成存心让他们难堪时,不管你的批评如何在理,他们也会听不进去,一言不合,反而有可能对你反唇相讥。

批评前先对对方进行赞美,展现自己客观公允的一面

我们在学校上作文课的时候,都听语文老师讲过"欲扬先抑"这个技巧,就是先批评写作的人或物一番,然后再阐发其优点,这样一起一落,就能为读者留下深刻的印象。不过,在批评人时,我们不能如此做,反而要反其道而行之,也就是先赞美后批评。

这样做,对方会觉得比较有面子,也会认为你比较客观,的确不是存心让自己难堪,很容易接受你的批评,或至少挨说了,也没啥激烈反应。比如小苏的朋友对小苏说:"你知道我看重你的最大原因是什么吗? 就是你这个人重感情,讲义气。不过我觉得⋯⋯"

批评对方的具体做法,对事不对人

不要随便把人家一棒子打死,要尽可能地避免对道德品质、智商、情商、能力等与自尊心有关的核心人格要素进行负面地直接指斥。批评的时候,要对事不对人,把批评的对象引向具体的待人处世方法。

具体来说,最好能避免跟人家说:"你这个人真讨厌,你怎么可以⋯⋯"之类的话。换用一种更有技巧的方式,比如:"你这人其实不错,不过有时候你的某些做法,我的确有不同的意见。"

替对方找台阶，以免遭遇殊死的抵抗

批评的时候注意不要把对方的行为解读成有意为之或深思熟虑的结果，最聪明的策略就是把对方的行为解读成一时冲动、无心之失或无意识的行为。如果你坚持"诛心之论"，非要上纲上线，把对方的问题解读成有意为之的结果，就等于直接把批评的矛头指向了对方的品质问题。这样一来，问题立刻会变严重，对方为了保卫自己，必然要进行殊死反抗。

尽可能多作自我批评，化解对方的敌对情绪

小标题的意思并不是把自己摆到跟对方一起挨训的位置，而是要造成一种你和对方立场一致，一起跟错误的人、错误的事、错误的立场作斗争的印象，而不是你试图反对挨批评的人。比如在批评刚才的那个酒鬼小苏时就可以这样消除他的敌意："你现在见酒没命，我也是有责任的，以前咱们也没少一起喝酒。我要是早点制止住你的苗头就好了。"然后接着说，"不过你现在喝酒喝得这么频繁，每喝必醉，第二天耽误工作，我是非常有意见的……"

给人家指出一条出路，让挨批的人感觉得有前程

要是你也稀里糊涂，暂时对人家的问题没招儿，那就千万不要批评对方。因为就算你批评了，问题还是无法解决、无法克服。不仅等于没说，还有可能惹人家不高兴，这又何必呢？假若你可以确定，无论你怎样花言巧语，对方也不接受你的批评，那么你也最好把想说的话憋回去。我们批评的目的是为了解决问题，不是出于自我表现。

安慰并开导对方，说明有问题的并不止对方一个人

如果能安慰并开导对方，并把对方的所作所为说成是很常见的行为，那么就能降低对人家自我意识的伤害，对方便不会把你的批评看成是光针对自己一个人的了。**大伙往往都有这样的心理：再不合理的事情，要是针对大家伙的就可以勉强接受；要是只针对自己一个人的，那就会暴跳如雷，不管事情大小，非得讲明白不可。**

魔力悄悄话

批评人时，欲"抑"先"扬"，对方会觉得比较有面子，也会认为你比较客观，的确不是存心让自己难堪，很容易接受你的批评，或至少挨说了，也没啥激烈反应。

拒绝别人的技巧

跟别人说"不",对于许多人来说并不是一件容易的事,因为拒绝有可能会伤害彼此的感情,或者导致争端。在此,我们提供一个小技巧,可以帮助你避免不必要的烦恼,使自己和别人都觉得舒服一些,可以拒绝别人的同时又不伤害他们的感情。

让对方拒绝自己一次,帮对方恢复心理平衡

古人常说:"来而不往非礼也。"意思是如果别人帮助或者为你提供某种好处,你就应该回报人家,不回报就是一种失礼的行为。如一些宗教社团搞募捐会在一些公共场合向人们发放小礼物。假如你贪图小便宜拿了人家的东西,就等于欠人家的人情。得到礼物的人中间,总会有一些人给社团提供比礼物的价值多得多的赞助,就是这个原因。

当别人给我们提供某种东西或服务的时候,我们就会觉得欠人家一个人情。比如在商场中,售货员特别热情地帮你挑选合适的东西,并跟着你鞍前马后地忙活,最终你就不好意思不在人家那里买点东西。回报别人会使我们觉得很开心——当然卖东西也是一样道理。销售人员心里就很明白这个道理:要是他们在你身上花了很多时间,又给你介绍产品的性能,又展示产品的操作方法,到头来你就会不好意思不买,尽管你心里还无法确定买对方的东西是否是最明智的选择。

这个回报的原则在相反的情况下同样适用,拒绝别人的同时又不伤害对方。具体做法就是:在拒绝了对方以后,立刻向对方求助一件对方不可能答应的事。一旦对方拒绝了你,你们就互相扯平了,你便不再有任何负疚的必要。如前面所说,当你去买名牌衬衣时,售货员已经陪了你很长时间,可是你还是没看中她推荐给你的任何一个款式,这时你就给对方提出一个她

不可能接受的价位。当她说不能接受你的报价时,你就可以心安理得地不买她的衬衣了。每个人都说了一次"不",大家谁也不欠谁,谁都不觉得有什么不好意思或不开心的。

举个例子说,小苏打电话向老同学荣哲借钱。可是此时的荣哲手头比较紧,一点忙也帮不上。他就可以这么说:"不好意思啊,小苏。我最近手头也不宽裕,女朋友家里出了点事情,钱都孝敬老丈人了。不过你今天给我打电话我可高兴了,因为我也正有一件事想要你帮忙呢。我过两天要去上海一趟,女朋友回老家了,家里一个人也没有。你能不能帮我先养几天我们家的那条'京巴'呢?"小苏一个人住在单位宿舍里,根本没法养狗,听了荣哲的话,一定会皱眉头,找借口说自己也帮不了对方的忙。

当然,有些人在使用这个技巧时会有一种罪恶感。甚至这些人在拒绝了你的要求后会觉得很不好受,要和你啰啰唆唆地解释不能给你提供帮助的原因,为不能帮助你而感到羞愧。如果你也是这样的人,那么我建议你改变一下。

最后要提醒的是:在这个技巧里,一定要确定求助对方的事情是对方所无法满足的。有时候,你可能的确有一些棘手的事情需要对方帮忙而且对方也帮得了你,可一旦对方帮助了你,你就会面临不得不勉为其难地回报对方的困境了。

如果你没办法确定自己能否帮助对方,最好不要说自己也搞不清楚。其实最聪明的做法是对方一提出要求,你就立刻痛快地答应下来。要是你能帮得上忙,那就万事大吉;要是你也没办法,你至少让对方知道了一个事实:开始的时候你也曾经满腔热情地想帮对方来着。这样一来,你没法帮助对方,就成了不能而不是不想。

魔力悄悄话

回报的原则在相反的情况下同样适用,拒绝别人的同时又不伤害对方。具体做法就是:在拒绝了对方以后,立刻向对方求助一件对方不可能答应的事。一旦对方拒绝了你,你们就互相扯平了,你便不再有任何负疚的必要。

传递坏消息的表达方式

传说古埃及有一个法老,对于给他带来好消息的人,就会盛情款待;带来坏消息的人,就会被砍头。这个故事虽然荒唐点,但由此可见,人们在内心深处对于坏消息的厌恶之强烈,甚至可能会导致一些非理性行为。

当我们处在一个不得不传递坏消息的位置时,怎么样行事才对自己最有利,那就是一件很有技巧的事情了。其实只要善于运用适当的表达方式,我们完全可以既把坏消息传过去,又一点也不得罪人。

如何减小对对方的刺激和伤害

讲话的方式不同,会强烈地影响听者的理解和接受程度。一个好的导购员知道自己不能用命令的口吻对顾客说话:"别废话了!赶紧去把款交了。"而会采取一种询问的语气:"这一款已经打过折了,不能再讲价了。要是您看好了,我们就把款交了好吗?"虽然买东西肯定都得"出血",但是作为顾客还是感觉后一种说法比较容易接受。

语言可以影响我们对世界的看法,因为我们是通过语言来理解世界的。语言是思想的基础,思想又是情感的基础。既然是这样,我们就可以通过使用适当的语言,影响别人的情感和思想,从而在传递坏消息时不致招人讨厌。不过要完成这一艰巨的任务,哪些字词才是最适合的呢?

想说话温柔一点,就不要使用有太强负面色彩的字词。因为使用有太强负面色彩的字词,会使听者立刻陷入严肃、惨痛的情景中去,其效果就跟签合同一样,虽然合同只是一张纸,可一旦签了合同,我们就会不由自主地认真起来,把需要办的事情当成一件正经事。因此,当你使用具有较弱负面色彩的字词,对方接收到的信息,所受到的刺激就会相应的减弱,坏消息所给予的冲击,就不会那么强烈。

　　研究表明,警方在审讯时,提问的方式会无意识地影响被提问者对细节的记忆情况。所以提问的方式不同,所得到的答案也一定会不同。比如,在交通事故现场,假如交警问路边的目击者:"这个车撞到那个车的时候,速度是不是非常快?"这时被问到的人就很可能回答说:"非常快。"但如果交警问他:"这个车开过来的时候,速度怎么样?"就有可能会得到不同的答案。原因就是在前一种提问方式中,已经给被提问者预设了一个前提,指责某车是肇事的元凶。

尽可能拖延传达的时间,给时间治愈一切伤痛的机会

　　人们常说:"时间是治愈一切伤痛的良药"。意思是:在漫漫的时间长河里,痛苦会随着时间被慢慢地冲淡。从这句话中我们可知,时间给我们提供了一个机会,使我们得以从适当的角度审视问题。当事情突然发生的时候,我们往往会不知所措,不知道怎么办才好。

　　比如说,你是一个父亲,你已经有一个十二岁大的儿子了。有一天你儿子趁你不注意,偷偷地把家里的宝马车开了出去兜风,结果很快就被警察扣下,给你打电话要你去取车领人。你在这种情况下肯定气得不行。

　　假设换一种情况,事情发生在十年前。十年后的你正与家人欢聚一堂,回忆起当时的情况,你也许不仅不会感觉到生气,还会产生那件事情非常有意思、我儿子也太有才了之类的想法。同样的事情,体会的时间不同,就会产生不同的感觉,为什么会这样呢?就是因为事情发生的时间已经过去,一切问题都已经不再是问题的缘故。时间会戏剧性地影响我们对事物的看法。

设法改变对方对事物的负面观念

　　我们的理解也会受到自身信念的影响。某一固有观念,常常会决定、影响我们对事物的反应方式。比如,在我国文化里,人们认为降生到这个世界是一件很令人高兴的事情,所以就会庆祝生日;同时我们也认为死不是一件好事儿,所以在举行葬礼的时候就会表现得很悲伤。

但有些文化，却把死当作一种生命的升华。所以也会大肆庆祝。显然，在这里，不是事物本身，而是人类对事物的看法，决定了最后的感受。其实，人对于任何事物的反应——尤其是倒霉的坏消息——无非是人自身特定信念的产物罢了。

当一个人因为某件事情而难受时，原因无非是因为心目中的三种信念：

1. 感到不利的境况可能是永久的；

2. 感到所面临的情况是很严重的，深层意思是这件事比其他的事情更重要；

3. 觉得事件对自己影响很大，会干扰自己在其他方面的发展。

这些想法一旦浮现于脑海中，我们肯定会紧张得不行，被吓得没了采取任何行动的勇气。在相反的情况下，要是我们把面对的情况看成是暂时的、偶然的、没有啥重大意义的事儿，我们就一点也不会被它所困扰了。

通过人为手段，我们可以改变对方对某些事物的负面观念，从而影响他们对坏消息的反应方式，使他们的人生态度更加积极乐观。当然话也不是乱说的，你想要传递的坏消息的具体情况，肯定会对你的表达有所制约。不过我们可以尽量地争取，只要能在一两方面消除对方的负面观念，就可以极大地减少对方产生负面情绪的机会。

传话时要平静乐观，不要让自己的负面情绪影响对方

如果在接收到的情报中，含义不甚明确，人们往往会不知所措。这时，很多人会选择从其他人那里寻求必要的行动指南，也就是选择随大流。假设你在一个拥挤的电影院里看电影，忽然有人大喊："失火了!"可是你却根本没发现失火的迹象，你一般会有什么反应呢？无外乎有两种反应：一是如果其他人都坐在座位上不动，你便也会随大流选择不动；二是当其他人都发疯了似的拥向安全出口时，你肯定也会立刻蹦起来随着大家一起往外冲的。

同样的道理：人在不能完全理解坏消息的具体意义时，往往会向其他人寻求行动的指南，根据别人的态度决定自己应该选择怎样的态度。根据这个原理，我们在传达坏消息的时候，自己表现得越轻松，对方就会越平静、越不受坏消息影响。

通过跟更坏处境的对比,论证当前环境的优越性

我们在认识事物时,往往无法根据这个单独的事物认知,而必须用其他事物作为参照物才能最后认知。对某一个事物的看法,往往是通过与相关事物进行优劣得失比较得出的。通过此稍好的环境和彼糟糕的环境的对比,我们于是可以认定当前的环境是更好、更优越的。

就像你去修电脑,如果对方告诉你主板烧了,必须换一个新的才行,你肯定会很沮丧。但换种方式,当一开始时,他告诉你:"电脑主板、内存、CPU、显卡、硬盘全都报废了。"但仔细检查后,才告诉你实际上是虚惊一场,仅仅只有主板烧了而已。你肯定会非常庆幸:"天啊,看来我运气还不错。"坏掉一块主板,本身虽然很招人烦,但就这样换了一种前言后语,你就会高兴得不知如何是好了。

上面这些技巧,还是要受环境限制的。不过在效果上,对减轻收到坏消息的人的心理冲击和痛苦方面,都能或多或少地起到一定的作用。

接下来,我们举一个例子,综合性地说明一下上面的技巧。

一天,有几个大夫为一个病人做检查,结果发现他得了糖尿病。每个大夫用不同的表达方式来述说病情,假如你自己是那个糖尿病患者,会喜欢跟哪个医生打交道?

赵医生:"很抱歉,我必须跟你说一个情况,根据化验单上的数据,你已经得了糖尿病。其实你知道不知道都一样,因为这个病是有可能死人的。在某种程度上,这种病跟截肢或者瞎眼差不多,实际上也没什么有效的治疗办法,因此希望你能够明白它的严重程度。从现在开始,你的生活必须进行彻底调整,从吃喝拉撒到工作锻炼都得注意。当然调整也不能解决根本问题,不过你总不能等死吧。你得上这种病,我也很替你难过。"

钱医生:"你的身体状况不错,除了血糖水平有点波动以外一切正常。从化验结果来看你的身体还不错,现在不少人都有这个毛病,按比较专业的叫法这属于糖尿病。不过,这个病是完全可以控制住的,如果你治疗护理得法的话,对你的生活一点影响也没有。事实上,我觉得你患上这病已经很长时间了,不过你的状态整体上还不错,我都替你高兴。注意点饮食、加强锻

炼,你这身体就会越来越好的。"

如你所见,两位医生都在自己的话里交代了必要的信息,但是钱医生说得没那么多夸张的色彩,病人就比较容易接受他的话。既不耽误意思的传达,同时又减少了对病人的心理冲击。通过使用委婉的语言,钱医生指出了状况的积极一面,比如病情至少没有发展到更糟糕的地步。在整体的遣词造句上,他的口吻也比较乐观,比如使用"我都替你高兴",而不像赵医生那样,动不动地就说什么"很抱歉""替你难过""等死"一类吓人的话。

当然,在这个例子里,医生也必须实话实说,把病患的具体情况交代清楚,否则耽误了治病,那就坏事了。不过在患者初步接受了得病的现实后,再说明具体的细节情况,病人接受起来就要坦然得多,不会因一次性地过于吃惊而产生绝望、沮丧的情绪。

魔力悄悄话

对某一个事物的看法,往往是通过与相关事物进行优劣得失比较得出的。通过此稍好的环境和彼糟糕的环境的对比,我们于是可以认定当前的环境是更好、更优越的。

做错事别光说对不起

假如我是一个马虎的司机,一次开车把人家撞伤了。这时我立刻冲上去道歉,并发誓诅咒地说以后再也不这样了,对方真的能原谅我吗?

实际上我们都明白,有些时候光靠说"对不起"是根本不能解决问题的。除了给受害者实际的补偿外,要是你不懂道歉技巧、不明白人际间的某些微妙原理,你还是不能够迅速地取得被伤害者的谅解。

在遭遇不可抗力时,尽可能把责任往外部因素上推

在求人原谅你的错误时,是因为说错了话还是做错了事,两种情况需要采取的对策并不一样。在这里,我们首先提供一种技巧。其适用的情况是:个人意图是好的、好人没遇上好事、无意中给别人造成伤害等情况。用保险公司的话来说,就是遭遇到不可抗力。

研究表明,当你道歉时,强调自己给对方造成的伤害、损失是因为无法控制的外部环境的结果,被对方接受的可能性就会相对增大。比如要是简单地说:"我也没办法"或"我一点也记不起来了"之类的话,对对方进行搪塞,就很容易引起对方不必要的愤怒情绪和敌意。人家会怀疑你一点也没有承担责任的意图。

可是,假如有七辆小汽车在高速公路接二连三地发生了追尾。如果第一辆汽车突然爆胎,肇事者就很容易获得人们的谅解。谁也没办法指责肇事者开车不够认真,过分追究对方责任的话,又很容易被当成想利用事故敲竹杠。

因此,在请求别人原谅你的时候,应该尽可能地把原因推到外部环境上面,这样人家就不会感到太生气,也不会有轻蔑、藐视的感觉产生。

如果你犯错的原因是超过自己能力控制的,除了一定要让人们知道这

一点，同时还要告诉对方你曾设法争取解决过相关问题，只不过最后失败了。这样才会显得你比较有诚意，而不会被人怀疑寻托词、找借口。

但如果是开会迟到了，你就不能光拿堵车说事儿。因为上司可能会想：你明知道这个会议很重要，干吗不早点出来？这分明是不把会议当一回事！这时候，你在告诉对方交通状况不好的同时，最好加上一句补充说："本来我估计到可能会堵车，所以提前了半个小时出门，结果还是被堵在路上了"——交通状况要恶劣得多，远远超出了你的预想，超过了你的控制能力，这下上司没话可说了。

另外一件需要注意的事情是，道歉时一定要态度严谨、细致，争取把具体情况言简意赅地说明白。要是你说得含含糊糊，人家都听不明白究竟是怎么一回事，就会觉得你隐瞒着一些事，对方的愤怒不仅不会减弱，反而有可能因此更气愤。

自身有毛病要真诚悔过

以请求别人的谅解而言，上面的方法足以应付一般情况了。不过要是对方仍旧不肯给面子，你还可以试试下面的技巧。这些技巧可用于双方已经不存在足够的信任和基本的体谅的情况下，同时你犯错的原因也并非是不可抗的外界因素。

一个人做了错事，受到影响的人就会觉得在某种程度上被冒犯了。对方会产生一种遭遇背叛的感觉，觉得当事人不拿他当一回事、觉得当事人根本不在乎他，或者当事人根本不关心别人等等。在这种情况下，仅仅说一句"对不起"根本于事无补，这么简单的道歉并不能恢复对方的自尊。当事人的所作所为伤害了对方的心灵，除非当事人对人家的自尊心有所补偿，对方的态度是不会自动重新好起来的。

要想迅速全面地赢得对方的谅解，我们可以采取下面四个阶段的战略战术：

第一阶段：主动承担责任并真诚地道歉

与遭遇不可抗力的情况不同。在这种情况下，最重要的不是把责任推掉，而是迅速彻底地把责任完全承担下来。是你的责任，就不要责怪别人或者找借口辩解,那么做只会使情况更糟糕。

诿罪他人,这种做法有可能被人家所利用。诿过于人不会使自己的情况有所好转,却会使对方的重要性获得上升。如果人家趁机揽下责任,也就取得把事情重新推上正轨的权力。

另外,恢复与被伤害者的友好关系,本质上是恢复对方的自尊心和安全感。假如这时你承担下了责任,被伤害到的人才会确认自己不会被再次侵害、才会确认自己在你的眼里是一个值得尊重的人。如果你拒不向被伤害者承诺这两点,还要对方原谅你,那岂不是很荒唐?

接下来需要做的事情是道歉。有些时候我们会忘记说"对不起",因为反正说也不好使,但是要想赢得全面的和解,没有一个道歉的形式是绝对不行的。有些人死要面子活受罪,让他们跟人说"对不起",比让他们开枪打自己都困难。不过人要有担当意识,要想解决问题,赢得对方的原谅,必须正儿八经地跟被伤害到的人道歉。

最后,一定要确保道歉的态度非常真诚。不真诚的道歉是不可能被接受的。道歉缺乏诚意,意味着你没有真正地反省自己的所作所为,你就很有可能重蹈覆辙,再次犯错,给人家造成更大的痛苦和伤害。人家当然无法接受。

第二阶段:向对方忏悔并提议严厉地惩罚自己

请求对方原谅的最重要环节,莫过于向对方忏悔自己的所作所为。没有忏悔的道歉就好像是没有汽油的卡车:看上去很大、很威武,但是啥用也没有。忏悔的作用在于承认对方的正义性和地位性,使对方恢复自尊心,重新对自己产生一种良好的感觉。

要是你不向对方忏悔自己的行为,就算已经道歉,对方多半还是会拒不原谅,或者不能完全重新接受你。在忏悔的这一刻,记住要把你愿意接受对方任何处置的态度表达出来,把自己摆在比对方低的地位,这一点对于能否赢得对方的原谅是至关重要的。

研究表明,如果犯罪嫌疑人在法庭上拒绝对自己的行为进行忏悔的话,就非常有可能得到相对严重的量刑。有些事情虽然已经无法挽回,但至少在语言上对人们的心灵进行一番抚慰也是好的。如果连这都不肯做的话,很可能一个人就会"被"变成怙恶不悛的人,遭到加重惩罚。由此可见,正义就是某种平衡的达成,当然其中也包括心理平衡。心理平衡实现了,其他的事情自然就好办多了。

每个人都希望别人公正地对待自己、希望拥有做一个正常人的权利、更希望获得人们的尊重。当一个人做错事时，行为之所以会令对方反感，是有直接的心理原因的。这个人的所作所为意味着这个人不尊重对方的人格和权利，剥夺了人家的正常心理需求。除非这个人使人家的这些心理需求获得满足，对方就不会原谅你。

所以在这时就可以这样说："我知道我错了，你的确应该生我的气。造成的后果我愿意负全部责任。我当时……"

在一些极端的情况下，对方会一直拒绝怜悯。这时就要使用下面的技巧消解人家的愤怒。那就是提议让对方用某种方式惩罚自己，手段越残忍无情越好。这么一来对方就不得不拒绝这种提议，因为对方也不会觉得有理由让肇事者受到这么残忍的惩罚。

就算对方这么做，那个人的心里也会不经意地产生一种微妙的反应，从而开始宽容起来。在心理学上是这样解释的：一个人若有了两种相互冲突的想法或情感态度，便会产生情绪焦虑，为达到身心的和谐平衡，人就会本能地用一种想法或情感态度，去统一另一种想法或情感态度。因此对方拒绝了惩罚提议，就不得不认可行为是可以原谅的。

即使对方没有认可，对方心中也会有两种不同的理念相互冲突打个不停。换言之，假使对方仍旧不肯原谅，对方自己心里就会反反复复的思想："既然这家伙这么坏，我为啥还假慈悲不趁机狠狠修理他一顿呢？"

第三阶段：说明详细情况和自己那么做的原因

前面介绍的那些技巧，已经足够帮一个犯错的人在犯错后重新返回人类社会，被一般民众所接受了。不过想要让其他人宽恕所做错的事，建议继续加油，把下面的事情办完。

首先，为了把自己希望避免类似悲剧再次上演的决心传达给对方，我会把发生错误的详情跟对方说清楚。这说明我已经对自己的错误有过深刻的反省。

有时人们无法真正原谅，在一定程度上，常常与不了解产生错误的具体情况有关。这意味着，某些事情曾经在对方毫不知情的情况下发生，而且还有可能再次发生。谁摊上这种事情能不害怕呢？不让人家获得知情权，会让人产生自己不被重视的感觉。

具体说明错误情形时,也可以采用就事论事的方法,孤立地解释事情的原委,从而把整个错误解释为一个意外。这样就减少了对方对于类似事件会再次发生、影响自己生活的顾虑。

接下来就到了必须回答"为什么"这个问题的时候了。别人生活遭遇不幸、变得丧失乐趣,全都是因为某个人的胆大妄为,"为什么会这么做呢?"要是不能给人家一个可以接受的答案,人家怎么可能感到真正满意、怎么可能轻易地就让事情过去呢?除非人家已经理解了这么做的原因。

简单地说什么"我不知道……""我没想到……"是不可能真正打消人家悲剧重现的顾虑的。在此必须要面对一个挑战,那就是如何合理地解释自己的行为,同时还不被人当成狡辩。根据研究,大多数人在试图赢得他人谅解时,往往能很顺利地施行前面所讲述的技巧,可惜人意失荆州,最后在这里翻了船。

举例来说。如果我本来在路上走得好好的,忽然窜出来一个人把我撞了,我就会本能地有两种反应:第一种反应当然是生气,因为这也太冒失了;第二种就是看清楚撞我的人究竟是何方神人,确定对方是不是有意这么做的。

但如果撞我的人是一个老太太,我就不会产生怒火;可是如果撞我的人是一个小伙子,我就会觉得很愤怒。原因在于我们都会觉得老太太是弱者,撞人肯定是缺乏控制能力造成的无心之失。而对于身强力壮的小伙子,判断则正好相反。可见人对于事情的判断常常较为主观。

分析上面的现象,我们意识到,解释自己的错误最不容易引起他人反感的方法,是把自己归入弱者行列,把自己的行为归结为害怕的结果。人人都有过害怕的情感体验,也明白害怕是怎么一回事儿。

因此我们可以套用上面的例子,和人家解释自己的立场:"那会儿情况越来越糟,我就害怕了""我怕你开除我,所以在签合同时就没敢跟你说实话""我怕你知道到底是怎么回事以后怪我,所以我就扯了一个谎"。

这么一说以后,我所犯的错误看起来就不再那么像彻头彻尾的背叛,而更像一个胆小鬼出于恐惧做出的冒失行为。这种说法强调了我软弱的一面,进一步使对方恢复起对自己力量的自信和自尊心。这也给对方提供了一个机会,可以通过安抚你的恐惧,进一步恢复自尊和自信。

第四阶段:说明自己没捞到任何好处

最后一步,就是告诉人家,我并未因自己的做法获得任何精神的愉悦、也没因此赚到钱……总之，是从中没得到任何好处。既然时光不能倒流，有些事情不要太实在。这时不仅要尽可能地把事情的发生解释成一场误会，还要避免提及从中获取的好处。

从对方那里取得原谅的关键在于，能否恢复双方利益的平衡，不管私人关系还是工作关系都是如此。如果我们获得了某种程度的好处，就得加倍还回去，才能把事情摆平。绝不能承认自己从中获得了任何物质上的好处或心理上的满足。

此时，我就会说一些类似这样的话，交代清楚自己费力没讨好的处境："那天真喝多了，跟你在一起的时候一点感觉都没有""那些钱我一个子也没有花着"或"结果我比先前过得还难受，心里老是充满了罪恶感"等等。

这个装可怜虫的技巧，将最终赢得对方的原谅，虽然对方有可能立刻就原谅你，也可能还会继续跟你僵持一阵子。道歉道到这个份上，你也算仁至义尽了，除了等待也就不用再瞎折腾什么了。随着时间的流逝，事情终会逐渐平息，你们的生活重新走上正轨，对方就会自然而然地重新接受你了。

如果说错话，用曲解的方法大事化小，小事化无

上一部分所说的那些技巧，都是针对办错事的情况的。有时候我们得罪人，却是因为口无遮拦、说错了话。这里有一个叫作"推而广之"的技巧可以轻松化解口误带来的困扰。

人之所以会口无遮拦、胡说八道，往往是因为在说话时一时兴起、没经过大脑思索。其实这个问题每个人都在所难免。这个"推而广之"技巧的作用，在于及时补救你的口误，帮助你省下许多跟别人闹别扭的时间。

如果我们直接出言不逊冒犯了某某人，仅对人家说一句"开玩笑"来道歉，是不足以安慰人家遭受挫折的心灵的。这时我们可以立刻应用以下这个技巧：比如我们正和一个同事争论业务问题，情急之下忽然冒出来一句"笨蛋"。说完后，我们很可能立刻会觉得有点儿过分，要补救该怎么办呢？这时我们就可以立即补上一句："跟这个破公司的其他人一样！"

对方在这种情况下，一般感情不会受到伤害，更不会觉得事情有哪些不对头，只觉得你可能工作压力太大，需要放几天假歇歇了。

换一种情况，如果我们的话被曲解，或者我们无意中冒犯了某个人，那

么就可以在谈话的上下文里寻求立足点，把你的话推而广之。

假设你在一次会议上就事论事批评了某种现象。较真儿的人事后就一定会找到你，认为你攻击了他，这时你就可以辩解："什么啊，我可没说你，我说得很清楚，是有些人嘛。"我这么一解释，便把对方放到了第三方的位置，就算他心里仍旧怀疑，也还是没办法继续纠缠不休了。

魔力悄悄话

别人感到自己被冒犯，在很大程度上是因为觉得被特殊对待了。补充上这么一句后立刻就缓和了被骂者的抵触心理，你对同事的个人攻击，变成了对全体人员的不满，自然就减弱了对单个人冒犯。

要对方归还东西的简单办法

几乎每个人,或多或少都有借给别人东西后不好意思往回要的体验。借的东西包括钱、工具或其他类东西。往往借的时候容易,轮到开口管人家要了,自然有点难于启齿;而且更严重的问题是,即使你豁出老脸去要了,就一定能立马要回来吗? 那可难说了。

当然了,借了东西不许要,天下是没有这样的道理的。而且借东西的人本应不等主人要,就自觉地在用完后归还。但问题是,世间的确有很多借了东西不知道归还的人存在,遇见这种人,我们应该怎样才能迅速而又不得罪人地把东西讨要回来呢?

要对方归还东西的最简单办法,莫过于直接索要。

这时我可以说:"朋友啊,上礼拜我借你的那三百块钱你能不能还我啊?我刚买了件衣服,生活费不够了。"多简单、多直接而且重点突出啊,要是我们生活的世界是共产主义社会、人民群众的觉悟都史无前例的高,说这些就已经足够解决问题。问题是我们现在生活的社会还不是,所以就需要想点比较复杂的技巧,跟某些有点不知道深浅的同志们斗智斗勇。

这个技巧的关键就在于唱高调、激发对方的自尊心。你可以依次使用下面的三个技巧。

给对方戴公平正义的高帽子

在摊牌跟对方索要钱物前,建议先找个机会假装无意地告诉对方:我之所以会和对方交朋友,主要原因就是对方是一个公平正义的人,做事情非常有分寸。你这么一说,就把对方圈到自尊、自信、自立、自强那伙人里面了。

这样让对方把高帽一戴,自然他就会感到不舒服,从而陷入焦虑状态,不得不重新调整自我评价,直到达到一个自圆其说的程度。具体的原理,我们前面也交代过,这里就不再啰唆了。

举个例子,我有个欠钱不还的同事,叫郭郭,这时我就会和他说:"你知道不,郭郭,咱们单位这么多人,我跟你特别投缘,原因就是我觉得你为人特别讲究。"当然不能夸完人家,立刻就要钱,那么做动机就太明显了,反而会坏事。稍微等一等,等过了几个小时,我再去找郭郭要钱,直接说原因借口就可以,他为了彰显自己"讲究",多半就算是去借钱也得把欠我的账还上。

借他人的话旁敲侧击,间接地督促对方还账

这个技巧的关键就在于激发对方的自尊心。这时我会与对方说,我们两个人都认识的某几个朋友(注意不能说具体的名字,说名字后很可能人家去确认)跟你说了,你借给对方的钱物肯定啥也要不回来。当然,你还得充一下好人,假装自己根本不相信造谣者的废话。你可以这么跟对方说:"我才不相信他们说的呢,有些人啊,就是喜欢无事生非、挑拨离间。"

对方听你这么一说,就会觉得,这么多人嚼舌头对自己的名誉可是大大的不好,为了打消这不实之词,为了不辜负你对自己的信任,说不得也只好忍痛割肉做出点辟谣的实际行动了——也就是说,对方要还你东西了。

魔力悄悄话

科学上有种说法是"最直接的办法往往就是最好的办法。"不过具体问题还要具体分析,在索要的时候,得编点往回要的借口。当然,如果我想要回东西,的确是因为要派实际的用场,那当然就更理直气壮了。

让对方愉快地回电话

有时候你给对方打电话,希望尽快与对方建立联系,对方有时却无法、不愿意或者不方便回话。不过好在现在通信科技高速发展,手机走进了千家万户。这时,我们通常的做法就是给对方的手机发一条短信,让对方尽可能快地给我们回电话。

没来由的感谢短信,激发对方的无穷想象

有没有更好的方式,可以促使收到短信的人一定回复我们的电话呢?当然有啦,比如下面这个短信样板,就几乎可以保证每一次发出都能招来电话回复:"你做的事,我很感激,请你给我打一个电话,我想亲自表示一下感谢。"

这个模式化的短信的策略是用感激引发对方的好奇心。它可以告诉对方你是一个感恩图报的人,认可对方的所作所为。这样做会使人家感到很开心,因为你对对方表示了欣赏和理解。更重要的是,这个短信是一个让人含糊的短信。不管你的短信息讨论的事情有多吸引人,要是对方能看明白你究竟是什么意思,人家就可以根据事情的重要程度确定是否有必要给你回电话。

可要是对方压根不知道你说的是什么事、什么问题,得不到足够的信息进行评估,就没法决定可以不回你的电话。这个短信之所以有吸引力的一个重要原因就是能产生这种效果。你肯定也曾经收到过类似的这种让人摸不着头脑的短信吧?你所以着急第一个回复对方电话或者短信,其实只是因为你的好奇心促使你想知道到底发生了什么事情。你担心那些你所不知道的事情可能是非常重要的,万一错过,那可就坏事了。相反地,如果对方短信所说的事情你一清二楚,你就可以根据事情跟自己的利害关系确定其

重要性。那对于对方可能是很重要着急的,从而决定是否回复对方。

在给对方发短信时,你当然得告诉人家你的身份,这个没法做文章,但是其他的信息你就可以随便地含糊其词,让对方丈二和尚摸不着头脑,当对方按捺不住好奇心时,必然会乖乖地给你回电话。

在类似的情况下,你打电话找人,对方不在,接电话的是对方的秘书、同事或者家人、朋友,你也可以施展这一招术。这个时候需要做的是,把文本留言转换成语言,告诉代接电话的人,并请代接的人转达你的话。你要找的人一旦听说有这么个电话,心里没有不犯核计的,想想始终不知道出了什么大事情,结果也得老老实实地主动拨通你的电话。

魔力悄悄话

未知的事物总是容易激发人们探索真相的兴趣。只是因为人们的好奇心促使你想知道到底发生了什么事情。相反地,如果对方短信所说的事情你一清二楚,你就可以根据事情跟自己的利害关系确定其重要性。那对于对方可能是很重要着急的,从而决定是否回复对方。

第二章
特殊的处世法宝

"平时不烧香,临时抱佛脚","有事有人,无事无人"这些就是讽刺临事用人的话,平时不知多与人联系沟通。这是十足的目光短浅,俗话说得好:"平时多烧香,急时有人帮","晴天留人情,雨天好借伞"。真正善于求人的人都有长远的战略眼光,早作准备,未雨绸缪,只有如此在你遇到急事时才能得到别人的帮助。

一个人不管有多聪明,多能干,背景条件有多好,如果不懂得如何做人、做事,那么他最终的结局肯定是失败。

编织健康的人际网络

柏年在美国的律师事务所刚开业时，连一台复印机都买不起。移民潮一浪接一浪涌进美国时，他接了许多移民的案子，常常深更半夜被唤到移民局的拘留所领人，还不时地在黑白两道间周旋。他常开着一辆掉了漆的本田车，在小镇间奔波，兢兢业业地做着职业律师。天长日久，他终于有了些成就。然而，天有不测风云，一念之差，他的资产投资股票几乎亏尽。更不巧的是，岁末年初，移民法又再次修改，移民名额减少，他的事务所顿时门庭冷落，他想不到从辉煌到倒闭几乎是一夜之间发生的事。

就在柏年穷困潦倒的时候，他非常意外地收到一封信，是一家公司总裁写的：愿将公司 30% 的股权转让给他，并聘他为公司和其他两家分公司的终身法人代表。他看到信的内容之后，难以置信，天上竟会掉下这样的馅饼。总裁是个 40 开外的波兰裔中年人。

在那位总裁第一次看到他的时候，第一句话说的就是："还记得我吗？"柏年当时就愣了。那位总裁微微一笑，从硕大的办公桌的抽屉里拿出一张皱巴巴的 5 美元汇票，上面夹着的名片印有柏年律师事务所的地址、电话。柏年实在想不起会有这一桩事情。

总裁看他也不记得了，便笑着开口了："10 年前，在移民局，我在排队办工卡，排到我时，移民局已经快关门了。当时，我不知道工卡的申请费用涨了 5 美元，移民局不收个人支票，我又没有多余的现金。如果我那天拿不到工卡，雇主就会另雇他人了。这时，是你从身后递了 5 美元过来，我要你留下地址，好把钱还给你，你就给了我这张名片。"

柏年在这位总裁的提醒下，渐渐地回忆起来了。

原来这位总裁在这家公司里工作，很快发明了两项专利，也正是柏年在当时给他的这 5 美元改变了当时他对人生的态度，就这样他们相识了。柏年从来都没有想过竟然在自己贫困的时候还会有人主动来帮助自己，这也正是因为他当时的人际关系所带来的财富。

人际关系是人生中无形的财富,这听起来似乎是有些让人难以置信,但是事实就是如此。

当今的社会是信息社会,如果不与人交流沟通就会使自己越来越封闭。良性的人际关系,几乎是每个人立足于社会所必需的。即使你有过人的才华,如没有人与你打交道,也不可能被人赏识。所以,我们一定要注意经营自己的人脉。

在我们的生活中,除了接触家庭和单位的人员外,还要接触一些其他人。随着关系网的广度、密度与深度的拓展和强化,彼此之间逐渐建立起一种珍贵的、深厚的和亲密的感情,它是我们交往的积极成果。我们一定要用心维护自己的关系网,让它真正成为你的财富。

每一个生活在世界上的人,都迫切希望自己在今后的事业上能够有所建树,有所成就,在办事中无往不利。虽然成功的果实是甜美而诱人的,但是收获却不能只靠凭空设想。在生活中,掌握正确的建立人际关系的方法,对于办事,甚至是前程都会带来巨大的影响。

扎维科拥有一家非常有名气的房地产公司,他是一个非常成功的生意人。年龄大了后,他想将生意全部交给小儿子打理,自己则想去实现年轻时周游世界的梦想。

在临行前的那一段时间里,他简单地给儿子介绍公司的概况以及各个环节的配合。随后,他用了大量的时间,安排了大量的聚会,不停地给小儿子介绍自己生意上的朋友、伙伴,有时候,他们甚至一天要参加几次聚会。

几天过后,他的儿子对扎维科说:"爸爸,您就要离开公司了,怎么您不抓紧时间把您成功的秘诀传授给我,而让我每天去参加聚会呢?等您走后,很多事情我想问都来不及了。"

扎维科回答说:"我的孩子,你还是不懂得做生意的精髓,你完全没有弄懂我的意思,我现在就是在向你传授我的成功秘诀。我敢说我的这些朋友就是我成功的秘诀,他们就是我最宝贵的财富。从年轻时起,我就很注意培养人脉,努力地打造属于我的关系网,因为我相信良好的人际关系和成功是密切相关的。我的朋友里有学者、生意场上的搭档、政治人物、银行家等,甚至还有很多不起眼的小人物,这些年来,他们给了我许多帮助。"扎维科喝了口水,继续说道:"当我刚出来创业时,是公司里的一个前辈鼓励我自己开公司;我的朋友借了我一大笔钱;前任林业官给我介绍了第一笔生意;我的公司濒临破产时，是建筑界的朋友挽救了我……总之，如果没有他们就没有今天的我。现在我把他们介绍给你，希望你能够珍视这笔财富。当然，更重要的是，你也要像我一样努力打造一张适合你的关系网，把事业做得更成功。"

事实上，扎维科的成功秘诀也是很多人的成功秘诀，成功者大多拥有庞大的关系网。外国成功学有"友谊网"之说。你认识一些人，他们又认识一些人，而他们又认识另外的一些人……这种连锁反应一直扩大到编织成一张助你无往而不利的关系网。

编织一张人际网最大的好处就是：你可以因此拥有许多机遇，它能给办事提供更多成功的机会。所以，在现实生活中需要你善于交际，随处都有可能交到对自己有益的人。

有的人可能会觉得自己社交面太窄，认识的人太少，实际上，你的人际网远比你意识到的要广大得多。你实际拥有的网络延伸到了你每天都有联系的人之外，更多的联系包括你与之共同工作和曾经一同工作过的人们，以前的同学和校友、朋友，你整个大家庭的成员，你遇到过的孩子的父母，你参加研讨会或其他会议时遇到的人，这些人都会是你的网络成员。你的网络成员还包括那些你在网络中认识的人以及与他们有联系的人。只要你能努力处理好与他们的关系，你的关系网就会越来越大，当然，你办事成功的几率也会越来越高。

魔力悄悄话

人们在生活中需要社交，更需要具有稳定的人际网。中国人讲天时、地利、人和，并强调天时不如地利，地利不如人和。这里所说的"人和"，正是一个稳固的人际关系网。

"雪中送炭"要好于"锦上添花"

帮助别人，就是在为自己的人情信用卡储蓄，特别是在人患难之际施予援手，救落难英雄于困顿。真心助人，其回报不言而喻。

患难能够检验一个人做人的态度，也能够检验一个人的处世方式。

有人说患难见真情，确实如此。关键时拉人一把，更能体现出一个人的智慧。

第一次世界大战结束后，德皇威廉一世可以说是全世界最可怜的人。众叛亲离。无奈之下只好逃到荷兰去保命，有许多人对他怀恨在心。可在这时，有个小男孩写了一封信给他，内容虽然简短，却隐含着真情，小男孩表达他对德皇的敬仰。小男孩在信中说，无论别人怎么想，他将永远尊敬他为皇帝。德皇深深地为这封信所感动，于是邀请他到皇宫来。这个小男孩接受了邀请，由他母亲带着一同前往，最后他的母亲嫁给了德皇威廉一世。

后来许多人遗憾地说："我不知道他那时候那么痛苦，即使知道了，我也帮不上忙啊！"

这种人与其说他不知道朋友的痛苦，倒不如说他根本就不想知道别人的痛苦，不想去帮助他人。

通常人们对于自己的苦楚能够敏感地觉察到，而对于别人的痛处却漠不关心。他们不了解别人的需要，更不会花工夫去了解；有的甚至知道了也假装不知，这种人肯定没有体会过切身之苦、切肤之痛。

不要求每个人都能达到"人饥己饥，人溺己溺"的境界，但至少学会随时体察一下别人的需要，时刻关心朋友，帮助他们脱离困境。当朋友遭到挫折而沮丧时，你应该给予鼓励；当朋友愁眉苦脸、郁郁寡欢时，你应该亲切地询问他们；当朋友身患重病时，你应该多去探望，多谈谈朋友关心的、感兴趣的话题。这些适时地安慰会像阳光一样温暖受伤者的心田，给他们带来美好的希望。"**患难之交才是真朋友**",人们对这句话可能都不陌生。

晋代有一个人叫荀巨伯,有一次他听说一个朋友病了,于是前去探望。偏偏在这时故军攻破城池,烧杀掳掠,百姓纷纷带着家眷四散逃难。这位朋友对荀巨伯说:"我病得很重,走不动了,活不过几天,你赶快去逃命吧!"

可是荀巨伯却不肯走,他说:"你把我当成什么人了,我远道赶来,就是为了来看你。现在故军进城,你又病着,我怎么可以扔下你不管呢?"说完便去给朋友熬药去了。

他的这位朋友百般苦求,叫他赶快去逃命,荀巨伯却端药倒水安慰说:"你就安心养病吧,其他的你不要管,天塌下来我替你顶着!"

这时突然门被踢开了,几个凶神恶煞般的故军冲进来,冲着他喝道:"你是什么人?如此大胆,全城人都跑光了,你为什么还不走?"

荀巨伯指着躺在病床上的朋友说:"我的朋友生病了,而且还很严重,我不能丢下他自己去逃命。"而且还正气凛然地说:"请你们不要惊吓了我的朋友,有什么事尽管找我。即使要我替朋友去死,我也绝不皱一下眉头!"

故军听后愣在了那里,听着荀巨伯的慷慨言语,还有他所表现出的无畏态度,很是感动,说:"想不到这里的人如此高尚,我们还怎么能侵害他们呢?走吧!"说完故军离开了这里。

患难时体现出的正义能够发挥如此巨大的威力,不得不令人为此惊叹。

每个人的人生都不会一帆风顺,其间总会碰到失利受挫或面临困境的情况,这时别人的帮助就好比是雪中送炭一样,它能够使人记忆一生。

在一个电子配件公司里,甲和乙都在做着销售工作,他们都是业务尖子,收入不菲,和老板也相处融洽。年初时老板对他们许诺,如果他们能够在上年销售额的基础上增加30%,就将奖励他们每人2万元,因为往年老板从来没有失信过,大家对此都深信不疑。为此,销售人员就像充了电的马达一样运动起来,到年底,他们果然完成了计划。可就在这一年,老板遭遇了许多磨难,先是公司被骗几十万,接着又是他的儿子得了白血病,那可是个无底洞,公司一下就垮了。老板到处借钱给员工发工资,可是这奖金确实无能为力了,老板也没有赖大家钱的意思,只是要求暂时共渡难关,等法院追回欠款后就兑现。这个时候,公司个别员工的本性就暴露无遗。职员甲知道老板的难处,继续默默无闻地工作。而职员乙则料定老板死定了,打定主意要走,逼着老板要奖金,而且还在大年初一带着一帮人到老板家闹事,并打伤了老板的儿子,他最终被送进了拘留所。过了不久,这个老板的公司又绝处逢生,重新振作起来。职员甲拿到了钱,而且也升了职,而职员乙再后悔莫及也没有用了。

有时候不用很费力地帮别人一把,别人也会牢记在心,真是"投之以桃,报之以李。"做一个感恩的人就要学会关键时拉别人一把,这样的人生才有意义。

魔力悄悄话

所谓:"投之以桃,报之以李。"让人一步,海阔天空,于人于己,有利无害。凡事斤斤计较,唯我独尊者,只会大失风度,让人鄙夷。

建立你的人情账户

"财富不是朋友,但朋友一定是财富。"人们常说"多个朋友多条路,少个朋友多墙堵",可见建立"人情账户"的重要性。在人际交往中,见到给人帮忙的机会,要立马扑上去,"人情账户"才能适时地进行存储,到需要的时候方能左右逢源。

有一句俗语说:"平时不烧香,临时抱佛脚。"那样的话,菩萨虽灵,也不会帮助你。因为你平时心中就没有佛祖,有事才来恳求,佛祖怎会帮你呢?

你是否有这样的经验:当你遇到了一些困难,你认为某人可以帮你解决,你本想马上找他,但你后来想一想,以前的时间里,本来应该去看他的,可是你都没有去,现在有求于人就去找他,会不会有些为难? 遇到这种情形,你一定会怪自己"平时不烧香"了。

法国有一本名叫《政治家必备》的书。书中告诉那些想在仕途上有所成就的人,必须搜集一些将来最有可能做总理的人的资料,并把它背得烂熟,然后有规律地按时去向这些人拜访,和他们保持较好的关系。这样,当这些人之中的任何一个当起总理来,自然就不会把你忘记,或许会给你一个很好的职位了。

从表面上看,这种手法不大高明,可是非常合乎现实。一本政治家的回忆录曾提道:

一位被委任组阁的人受命伊始,心里很烦恼。因为一个政府的内阁起码有七八名阁员(部长级),怎么去物色这么多的人去适合自己? 这确实是件难办的事,因为被选的人除了有适当的才能、经验之外,最要紧的一点,就是"和自己有些交情"。

与别人有交情才容易得到他人赏识,否则任你有登天本事,别人也不会知道。有些人能力平庸,然而风云际会,这样也会成为命运通达的人物。人在得意时,把一切都看得很平常、很容易,这是由于自负的原因。假如你与对方的境遇地位相差不多,交往时也无所谓得失。

可倘若你的境遇地位不及他人,交往时,反而会有趋炎附势的错觉。即使你极力结交,多方效劳,在对方眼里也极为平常,彼此感情也不会有所增进。

假如你觉得对方是个英雄,就该及时结交,多多交往。如果你有自己的能力,更应给予适当的协助,甚至施予物质上的救济。而物质上的救济,也不要等对方开口,应该采取主动措施。有时对方很需要,又羞于对你说,或故意表示无此急需。

你如果得到这样的情况,更应尽力帮忙,并且不应有丝毫得意的样子,一面使他感觉受之有愧,一面又使他有知己之感。寸金之遇,一饭之恩,可以使对方终生铭记。以后假如你有所需,他必奋力图报。即使你没有需求,他一朝否极泰来,也绝不会把你这个知己给忘记。

在钱锺书先生困居上海写《围城》时,他家的日子过得非常窘迫。把保姆辞掉以后,家务就由夫人杨绛操劳着,所谓"卷袖围裙为口忙"。恰巧这时黄佐临导演排演了杨绛的四幕喜剧《称心如意》和五幕喜剧《弄假成真》,并及时支付了酬金,这才使钱家渡过了难关。过了很多年后,黄佐临之女黄蜀芹之所以独得钱锺书亲允开拍电视连续剧《围城》,实因她怀揣老父亲一封亲笔信的缘故。钱锺书是个欠别人的人情他一辈子都记着的人,黄佐临40多年前的义助,钱锺书多年后都没有忘记回报。而《围城》剧的成功,也证明钱锺书先生的慧眼识蜀芹。

由此可见,只有你随时保持着乐善好施、成人之美的心思,才能为自己多储存些人情。

这就好比一个人为防不测,须养成"储蓄"的习惯,也只有这么做,才能防患于未然,将来惠及子孙。黄佐临导演在当时不会想得那么远、那么功利。但后世之事却给了他作为好施之人一份丰厚的回报。

俗话说得好:"在家靠父母,出外靠朋友。"生活在社会上的每个人,都离不开朋友的帮助。"人情冷暖,世态炎凉。"应该趁着自己有能力时,多结识些潦倒英雄,使之能为己用,这样的发展才会无穷。

到底该如何去存储人情,并无定法。对于一个执迷不悟的浪子,一次促膝交心的长谈可能会使他浪子回头,建立做人的尊严和自信,成为一名勇士。

对于一个身陷困境的穷人,一些小小的帮助可能会使他感到人世的温暖,激励他干出一番事业,闯出自己的一片天地。就是在平和的日子里,对一种新颖的见解报以一阵赞同的掌声,这掌声在无意中可能就是对创新者巨大支持。

对一个正直的举动投去一个鼓励的眼神,这一眼神无形中可能就是正义强大的动力。就是对陌生人无意中的一次帮助,就会使他顿悟善良的难得和真情的可贵。说不定他看到有人遇到难处时,也会很快从自己曾经被人帮助的回忆中汲取勇气和仁慈。

人生在世,每个人既需要别人的帮助,又需要帮助别人。站在这个角度来说,人类社会是在互助中走向未来,而个人是在帮助中攀登上成功巅峰的。

或许没有比帮助人这一举动更能体现人慷慨的气度和宽广的胸怀。我们不要小看对一个失意人说的暖心话,对一个将倒下的人轻轻扶一把,或许你没有什么得失,而对一个需要帮助的人来说,很可能就是动力,就是支持,就是宽慰。

反过来,这个人的心中就会对你产生一份感激,就会永远记住你对他的好。在你遇到困难时,他就会施以援手,用真诚回馈你曾经的帮助。

对于一些对你有着直接利害关系的人来说,你怎么给他们款待,怎么送礼,什么时候款待,或什么时候送礼,这里面也有一种学问。

合鹏曾提任某公司总经理,每次一到年底,礼物、贺卡就像雪片一般向他飞来。然而当他离职之后,所收的礼物仅有一两件,贺年卡一张也没有收到。

以前访客总是往来不绝,而自从离职之后却寥寥无几。正在他心情寂寞的时候,曾经的一位下属带着礼物来看他。合鹏任职期间,他并不很重视这位员工,可是来拜访的竟是这个人,不觉使他感动得热泪盈眶。

两年后,合鹏被原来那家公司聘为顾问,当然他很自然地就重用提拔那位职员。因为这个员工能在没有利益关系的情况下登门拜访。所以在他心中留下了很深刻的印象。

人情力——人情翻覆似波澜

　　总的来说,人是有情之灵物,每个人都逃脱不掉一个"情"字。人际交往中,多储蓄一些人情是值得的。说得世俗一些,你现在钓不到大鱼,就应该对身边的小鱼来一个"全面撒网,重点培养",为自己建立一个日后发展的人缘基础。假如你总是抱着"钓到的鱼不用喂食"的平庸态度,很可能落个众叛亲离,不但大鱼钓不到,就连小鱼苗也都会让你饿死。

魔力悄悄话

　　晴天留人情,雨天好借伞。这是一种大度,一种文明典雅的风度,一种收服人心的手段,也为自己日后发展铺下基石。

最好的投资是"感情投资"

人是世界上最高级的动物,擅长以情来打动他人。爱是每一个人内心深处的渴望,只是这种需要有时不如人的自私本性表现得那么强烈,所以时常被掩饰了。其实,你只要能够把你真正的爱付出,那么必定会赢得共鸣,会让你从中感受一份温馨,而且这也正是一种很有意义的交际技巧。

世界上没有不图回报的投资,包括人情。"生当殒首,死当结草""士为知己者死,女为悦己者容",无一不是感情投资的结果。为官者大都深知其中的奥妙,不失时机地付出感情投资,对于引导部下通常能收到意想不到的效果。

战国时的信陵君,是一位懂得进行感情投资的人,得到的回报也很丰厚。

魏国有个名叫侯嬴的隐士,年龄已七十了,每天做的工作只是在大梁城看守东门,他的家境非常清贫。信陵君亲自去拜访,送给他贵重的礼物。可每次他都婉言地谢绝。于是信陵君设了一桌宴席,等酒宴摆设好,客人坐定以后,他亲自带着随从车马,前往东门去迎接侯嬴。

侯嬴上车时,不懂得谦让,直接就坐在了尊位上,还在暗自观察信陵君。信陵君驾驭着马车,态度更加恭敬。

路途中,侯嬴对信陵君说:"我有个朋友在屠宰场里,希望能委屈您与我一同去看望他。"信陵君听罢就将车驾到市场里,侯嬴下车会见自己的一个朋友,他只顾与朋友谈话,很久不理睬信陵君,并继续观察他的反应。信陵君的脸色变得更加温和。

这时信陵君家里已经高朋满座,都在等待着他回来开宴。市人都好奇地观看信陵君驾车,信陵君的随从在暗中骂着侯嬴。侯嬴看信陵君的表现始终都是和颜悦色,态度诚恳恭敬,于是告辞好友回到车上。到家以后,信陵君请侯嬴坐上尊住,并向他一一介绍在座的将相、宗室,这使宾客都感到很惊讶。

宴会期间信陵君站起来,到侯嬴的座位前敬酒祝寿。

侯嬴告诉信陵君说:"今天我令您非常地为难。我不过是一个守东门抱门闩的人罢了,然而您却亲自驾着车马,迎我于大庭广众之中。本来您是不应该这么做的,但您却做了。我为了成就您礼贤下士的美名,因此我故意让您和车马久立于市区,使其他人围观您。但你的态度愈加恭谨。于是市人都认为我是小人,而称赞您是位能礼贤下士的长者。"

这是侯嬴受到尊重后对信陵君的第一个报答。

这个故事中,信陵君就是一个善于感情投资的一个人,而且他做得也非常到位。许多大人物,会叫出只见过一两次面的下属的名字,在公司门口或过道里碰面时,点头微笑之余,下属的名字脱口而出,这会使下属受宠若惊。富有人情味的领导势必会获得下属的拥戴。

曾有人说:"世界上没有无缘无故的爱。"你对他人的一切感情投资,也都是如此。

战国时期,有一个非常著名的军事家吴起,他在担任魏军统帅时,与士兵们同甘共苦,因此深受下层士兵的拥戴。当然,他这样做的目的,就是希望士兵在战场上更加勇敢,多打胜仗。胜仗多了,他的功劳自然也就大了。

有一次,一个士兵身上长了个脓疮,作为一军统帅的他,竟然亲自用嘴为士兵吸吮脓血,见到他这一举动,全军上下无不为之感动。

人非草木,孰能无情。有了这样一名"爱兵如子"的统帅,部下们能不尽心竭力,拼死杀敌吗?

俗话说:"将心比心。"你想要别人怎样对待自己。那你自己就要先那样对待别人,只有先付出爱和真情,才能收到一呼百应的效果。

美国的一家电器工厂因经营不善而濒临倒闭,老板万般无奈之下,只好请来一位日本人做助理。当这个日本助理上任后,只用了三招:

第一招,邀请员工喝咖啡,还送给每人一台半导体收音机。他动情地说:"你们看看,这么脏乱的环境怎么搞生产呢?"因此大家一起动手清扫,使破旧的面貌随之焕然一新。

第二招，他主动拜访工会负责人，希望大家"多多关照"，从而消除了员工的戒备心理，在感情上与工厂靠近了一步。

第三招，在看到人手不够时，这位助理没有雇用新人，而是把以前被解雇的老员工请回来，使员工从内心里感到了温暖。

这三招措施的出台，极大调动了员工的积极性和创造性，从此生产蒸蒸日上，企业也重新威风了起来。

面对相同的工厂，为什么日本人就能够使之"起死回生"呢？他采取的"招数"，其实就是"感情投资"，有些厂长、经理却不能做到这点。有的企业经理在效益好的时候发钱、发物刺激员工的积极性，却不懂得动情地做好员工的思想政治工作。以至于在企业陷入困境时，只会束手无策，不会采用多种方式发动群众；有的企业领导整天沉溺在会议中或奔忙于机关琐事中，都不肯花点时间到基层群众中"走走""看看"，不懂得建立融洽的干群关系；有的企业领导不重视员工的工作，不肯放下架子"主动拜访"，也不肯虚心请别人"多多关照"，不懂得把职工的积极性给调动起来。

"滴水之恩，当涌泉相报"。假如能像那位日本助理一样，对员工满怀深情，善于做"感情投资"，那么他一定比别人更易成功。

人是有情之灵物，而人的感情可以抵抗疾风骤雨，却无法逃脱和风细雨的滋润。处世高手都善于感情投资，因为投入一分人情，别人会以双倍利息的人情送还。人生其他的钱债都可以还清，但人情债是永远还不清的。投资感情，收获人情，一生何处不逢春？

魔力悄悄话

在众多投资中，感情投资最划算。因为你在善待别人的时候，其实你也是在成全自己。人的交往，你中有我，我中有你，纵横交错，息息相关，同时又相互伤害。只有与人为善，慷慨乐助方能减少这种伤害，达成人际和谐。

做人要学会付出，否则难有回报

"天下没有免费的午餐"，一个人要想得到别人对自己的回报，就必须先对别人付出。没有付出，哪里来的别人对你的回报？人们常说："种瓜得瓜，种豆得豆。"种什么就会得到什么。你只有撒下爱的种子，才会得到爱的回报。

纵观历史，那些能够实现自己远大理想的人，他们都付出了他人难以付出的许许多多的努力。试想，如果他们没有一颗希望的种子，怎么会经过努力而得到回报呢？西汉司马迁从 42 岁时开始写《史记》，到 60 岁完成，历时 18 年。如果把他 20 岁后收集史料、实地采访等工作加在一起，这部《史记》花费了他整整 40 年的时间。法国作家巴尔扎克在 20 年内，出版了九十几部作品，其中一些还是世界名著。就拿《人间喜剧》来说吧，为了完成这部巨著，他奋笔疾书，有时一次工作就是十几个小时，等等。他们都是因为播下了成功的种子，经过不懈的耕耘，最终收获了成功。做人就要学会付出，否则很难成事。

在遥远中东的沙漠中有一片绿洲，那里生活着一位老人。

老人跪在地上，拿着铁锹在挖沙土。一个旅人经过绿洲，停下来给骆驼饮水。他看到满头大汗的老人，便上前打了声招呼："你好呀，老人家。"

"你好。"老人有礼貌地回答的同时并没有停止干活。

旅人问道："这么热的天，你在这里挖什么呢？"

"我在播种。"老人说。

"你要在这里种什么？"

"种枣椰。"老人答道。

"枣椰?!"旅人惊讶地说，那副表情就像听到了最愚蠢的话，"你脑袋被烤坏了吧，大爷，走，还是放下铁锹跟我到店里喝一杯吧。"

"不，我得先把种子播完，然后我们可以去喝一杯。"老人说。

"告诉我。大爷,你多大年纪了?"旅人问。

"我不知道,60,70,还是80岁……我忘记了……但这并不重要。"

"大爷,枣椰树长成需要50多年,长成之后才能结出果实。我希望你能长寿,能活到100岁,但到那时你也很难收获今天劳动的成果。还是别干了吧。"旅人劝说道。

"我吃的椰枣是前人种下的,播种的人也没有梦想吃到自己种的椰枣。我今天播种,是为了让后人能吃到我种的椰枣……虽然我也并不知道谁会吃到我种的椰枣,但我想,这份辛苦是值得的。"

听完老人的一席话,旅人说:"很感谢你的这一课,请收下我的学费。"说着,他把钱袋递给了老人。

"谢谢你的钱,朋友。你看,事情往往就是这样的。你认为我无法收获自己的劳动果实,但我还没有播完种,就收获了一袋钱和一位朋友的谢意。"老人笑着说。

"世间自有公道,付出总有回报。"仔细一品,意味深长,感慨良深,思绪如织。自古以来,无数贤人智士,抱着这样的信念,一次又一次地向成功之巅冲刺着。虽然,成功的人只占其中的很小一部分,但是所有人都得到了应得的东西。从某种意义上说,付出与回报是成正比的,正如前人所说:"一分耕耘,一分收获。"回报与付出就好比是一对孪生子,在生活中无时无刻不存在着,无论任何时候,只要有付出就可能会得到回报,就好像有阳光的地方一定会有阴影,任何一方都不会孤立存在。

魔力悄悄话

哲学家菩德曼说过:"播种一个行为,你会收获一个习惯;播种一个习惯,你会收获一个个性;播种一个个性,你会收获一个命运。"是的,播种总会有收获的!只要你愿意为心中的理想去奋斗,去付出,就一定会得到令你满意的回报,幸福之花也会因此而绽放。只有撒下种子,就有希望,就一定会有回报,否则,你会连发芽的机会都没有。

经营好你的"人情生意"

人是有情之灵物，人人都难逃脱一个"情"字。尽管在商场上素来有"认钱不认人"之说，但是"人情生意"从未间断过。办事有尺度的人都善做"人情生意"，尤其在商务交际中更需做"人情生意"。

所谓"人情生意"，说简单点，就是在生意之外多了一层相知和沟通，能够在人情世故上多一份关心、多一份相助。即使遇到不顺当的情况，也能够相互体谅，所谓"买卖不成仁义在"。

当然，这种"人情生意"不需要你刻意地做，那样反而会给人一种虚伪造作之感。

有的时候，你在生意场上遇到了相互比较投缘的人，有了成功的合作，感情也自然融洽起来，这就是我们常说的"有缘"人。有缘自然有情，关系好的时候，互相付出自然不在话下。问题则在于如何保护和持续这种关系，继续爱护它、增进它，使其长长久久。

"人情"这种生意不比其他，即使是有"缘"，彼此一拍即合，要保持长期的相互信任、互相关照的关系也不那么容易，仍然需要不断进行"感情投资"。尤其在商场上，许多人信奉的大多是"没有永恒的朋友和敌人，只有永恒的利益"。

人与人的交往也变得小心翼翼，所以很容易互相起疑心。结果就会由合作转为对立，人情变成了敌意。

尽管走到这一步也是大家不想看到的。但这正是他们平时忽略了"感情投资"的结果，甚至已经忘掉了这一点。

很多人都有这种毛病，得到的时候不会去珍惜，觉得自己没有必要去保护它了，常常忽略双方关系中的一些细节问题。例如该通报的信息不通报，该解释的情况不解释，总认为"反正我们关系好，解释不解释无所谓"，结果日积月累，形成难以化解的矛盾。

更不好的是人们关系好之后，总是对另一方要求越来越高，总以为别人对自己好是应该的(因为我们关系好),但是稍有不周或照顾不到,就有怨言(怎么能这样呢?要是别人还可以原谅,但我们是朋友啊),由此形成恶性循环,最后损害双方的关系。

法国皇帝路易十四当政期间,其整个王室挥金如土,穷奢极欲,出现了严重的财政危机。路易十四为满足其挥霍的需要,便向银行家贝尔纳尔借钱。

贝尔纳尔早已风闻此事,傲气十足,借钱可以,但也要向我低声下气。这下路易十四为难了,堂堂一国之君,怎能卑躬屈膝呢?路易十四左思右想,想到一个办法:

一天下午,国王从马尔利宫走出来和陪同的宫廷人员一起逛花园。他走到一幢房子门前停了下来,那座房子的门敞开着,德马雷正在里面举行盛宴款待贝尔纳尔先生。当然,这桌宴席是事先奉国王之命准备的。

德马雷看见国王,急忙上前行礼。路易十四满面笑容,故作惊讶地看着他们说:"啊!财政总监先生,我很高兴看到你和贝尔纳尔先生。"国王又转向后者说:"贝尔纳尔先生,你从来没有见过马尔利宫吧,我带你去看看。"

这是贝尔纳尔没有意想到的事,他感到非常幸福和荣幸。贝尔纳尔在国王的陪伴下到养鱼池、饮水槽,在塔朗特小森林和葡萄架搭成的绿廊等处游玩了一遍。

国王一边请贝尔纳尔观赏,一边滔滔不绝地说些为了达到某种目的而惯用的漂亮话。路易十四的随从们知道他一向少言寡语。对他如此讨好贝尔纳尔感到不解。

游玩之后,贝尔纳尔极度兴奋地回到德马雷那里,他赞叹国王待他如此厚意,说他甘愿冒破产的危险也不愿让这位优雅的国王陷入困境。

听了这番话,德马雷趁着贝尔纳尔心醉神迷的时候,提出了向他借600万法郎巨款的要求,贝尔纳尔欣然答允。

这600万法郎可不是一笔小数目,路易十四如愿以偿,这与他巧用情感交换法的办事方法是分不开的。路易皇帝知道贝尔纳尔拥有的是什么,需要的是什么。当然也清楚自己拥有的是什么,需要的是什么。于是就用自己所拥有的东西满足了贝尔纳尔的需要,这样,贝尔纳尔就以巨款回报皇帝,这种情感交换的结果是皇帝轻而易举地完成了自己的事情。他不必卑躬屈膝,只需要投入一点感情,便把原本很难办的事轻松搞定。试想,如果路易十四不如此,银行家完全可能历数自己的种种困难和麻烦,以此拒绝搪塞。

通过路易十四借款成功这件事,可以看出用感情战术有时比其他的方式都要奏效。

魔力悄悄话

人情就是财富。重视情意观念可以扩充你的人脉,会为你日后的发展带来意想不到的帮助。

凡事一定要主动出击

生活中有这样的为人处世之道："你敬我一尺,我敬你一丈。"人际交往中有这样的规则："高调做事,低调做人。"前者体现了互惠原则的道理,后者则是说无论是在你需要对方的时候,还是在普通的日常生活中,做什么事情都要积极主动些。但就是这种众人皆知的道理,却常常被人们所忽视,特别是被一些自认为聪明过人的人所忽视。这是因为很多人表现得太过功利,在日常生活中,常表现出高高在上、不冷不热的样子。可是当有求于人时,却表现得太过谦恭,有时甚至直接通过送礼、送钱这些物质方式去影响他人,达到自己的目的,但最终的结果往往使自己处于十分被动的境地。

为此,生活中应该秉承"平常多主动一些,遇事就不至于太被动"的规则行事。

英国著名女诗人伊丽莎白·巴瑞特与同为著名诗人的丈夫罗伯特·白朗宁的婚姻可谓是这方面的典范。这对受大家称颂的模范夫妻之所以能够20年维持甜蜜、恩爱的夫妻关系,和他们平时主动在小事情上下功夫有很大关系。

生活中。每天当罗伯特·白朗宁上班或者离开家时,伊丽莎白·巴瑞特都会站在门口向丈夫挥手告别;当丈夫回家时,她也常会微笑着跟丈夫打招呼,即使罗伯特·白朗宁的某个眼神看起来不高兴,伊丽莎白·巴瑞特都会细心地发现,并适当地给其以关心和帮助。后来伊丽莎白·巴瑞特生病了,她曾一度消沉,但是就在此时,身为丈夫的罗伯特·白朗宁每天细心的关心和照顾,让她感觉到生活的阳光和色彩,他们的爱也因此更加深厚,以至于她在给她妹妹的信中这样写道:"现在我很自然地开始觉得,我或许真的是一位天使。"

伊丽莎白·巴瑞特之所以生病后仍然能够得到丈夫罗伯特·白朗宁的

关心和照顾，和平时细心经营出的感情有着密切的联系。试想如果她平时不注重夫妻关系、不关心丈夫，那么当病魔袭来时，她会遭遇什么样的境遇？也许会出现离婚或者被抛弃的悲惨命运。但结果相反，正是她平时的积极主动，才让婚姻在遭遇疾病侵袭时变得更加坚固。

"平常多主动一些，遇事就不至于太被动"，这同样是心理学中互惠原则的一种表现。无论什么样的人，也无论人们想做什么样的事情，这句话大多数情况下都会被证明是正确的。人与人之间的关系会随着平时联系的增加而逐渐加深，平常多主动与人沟通，多主动关心别人、帮助别人，这会加深彼此间的感情。若你平时在与人相处时能更主动地付出自己的理解和关心，那么当你有困难或者有求于对方时，对方常会因为感念你平日的付出而对你有所回报。而对于久不见面、久不沟通、久不相互关心和帮助的人而言，彼此间的关系会因为缺少平时的主动而日渐疏远。若你在遭遇困难或者需要帮助时，才想到求助他人，即使对方有心想帮你，但是一想到你平日的疏远和冷漠，内心想要帮助你的想法也会因此而淡薄，甚至会产生反感情绪，进而不愿意接受你的意见或者恳求。对于这一点，身为某家公司的经理谢先生深有感触。

谢先生在创业初期，很难招到有才华并且有经验的会计人员，因为公司处在起步阶段，所以工资待遇无法和大公司相比，这样一来，有资历的人才就不愿意到公司应聘。经过大家的讨论，公司决定起用新人：一是可以减少工资开销；二是等公司发展壮大后，能够拥有中流砥柱。

他们聘请了一位不错的新人，为了让他能够在公司的未来发展中起到重要作用，身为经理的谢先生非常珍惜人才，不仅在工作上帮助他提高各方面的素质，在生活上也会主动帮助他。这名普通的会计很卖力地工作，可是在公司步入正轨后，却赶上了经济危机。经济危机对这种刚起步的小公司无疑是一种重创，公司的财政也受到了严重威胁，公司中部分人出现了辞职的举动。令谢先生意想不到的是，这名会计不仅没有辞职的打算，还一直安抚着公司的其他员工，甚至自己主动提出降低工资。

俗话说："一口吃不成胖子，一锹掘不出水井。"做任何事情都需要一个过程，正是经理平时的关心、照顾，才让新手会计面对经济危机的冲击时，能够大公无私、全心全意地帮助公司渡过难关。其实，无论是商场还是人生的战场，都是如此。正如篮球巨星迈克尔·乔丹所说："我不相信被动会有收获，凡事一定要主动出击。"平常在人际关系上主动联络，才能加深感情、占据主动权，当你有求于人或者遭遇困难时，才能有对方的回馈！

或许有人会说，这个道理我们懂得了，可问题是在实际生活中应当如何主动构建与他人之间的关系呢？其实方法很简单：如果你是上班族，不要每天忙碌于办公室中，要利用吃饭和休息的时间，和朋友、同事多走动走动；如果你是每天奔波于外面的销售精英，可以利用在外面奔波的机会，多联系被你曾经疏远的朋友，比如一起吃个饭或一起喝杯咖啡；如果你是经常出差在外的人员，不妨在每次出差回来时，给同事带些当地的特产或者其他特色的小礼物，等等。

这些事情虽然看上去小之又小，但坚持做下去却对拉近彼此间的关系具有重要的作用。若你平时能够一直积极主动地为别人做些小事情，多表达自己的关心，那么当你有求于对方时，对方会感到自己必须帮助你；即使他们对你提出的事情无能为力，也会想尽办法帮助。对于那些平时不联络、不关心他人的人，事到临头才来抱佛脚，碰壁的概率势必会比前者大。

魔力悄悄话

若你平时在与人相处时能更主动地付出自己的理解和关心，那么当你有困难或者有求于对方时，对方常会因为感念你平日的付出而对你有所回报。

成功者以付出为目的

　　成功者之所以会成功,是因为他已经拥有了成功者的心态,即使暂时一无所有,他也能创造一切,得到想要的;失败者之所以失败,是因为心态错误,即使暂时拥有良好的外部条件,也会逐渐消失殆尽。

　　成功的人都是主动付出一切的人,领导者都是先服务别人的人。然而一般人都等待别人先付出,都希望别人先服务于他。只想获取,不愿先付出,人们就会远离你。你失去人群的支持,成功的几率自然会大打折扣。

　　从前有两个老人是师兄弟。除每人练就一身好武艺外,还都会钓鱼的绝技。但是,师兄特别保守,总怕被别人学走了钓鱼绝技,和自己来竞争;师弟的想法恰恰和他相反,总是非常乐意帮助别人。但是学会绝技有一个条件:必须是以后每钓上100条鱼要无偿拿出4条鱼来报答自己。于是很多人都来和老人(师弟)合作。老人家也就毫无保留地都一个个地教会了他们。老人的徒弟们学会了绝技后,都很信守承诺,对师父非常尊敬。慕名来学绝技的人越来越多,从此老人家再也不用自己去风吹日晒地钓鱼了。光是徒弟们给的鱼已经不计其数,于是老人开始对外批发鲜鱼,生意越来越红火,成了远近闻名的富户。而老头的师兄还是每天一个人钓鱼,仍然过着清贫的日子。

　　其实这也就是说明了帮助别人也就是在成就自己。一个人能成功并不是他从别人那里获取了很多,但绝对是有很多人愿意支持他。因为你先帮助他们得到了他们想要的,当你能帮助别人得到他所想要的,他自然会给你想要的。

　　不要老是想着怎么能从别人的身上得到些什么,应该想到的是我能够给予别人什么,付出什么样的服务与价值来让对方先获得好处。当你能持续这么做,并且大量帮助别人获得价值的时候,也就是你成功的时候了。因为那些获得你帮助的人会慢慢累积成一股庞大的力量,回馈给你所需要的帮助与支持。

世界上每一个人都有着自己的优点或长处,也都可以给你些许的帮助。然而每个人都有自己的弱点与短处,也都有需要你帮忙的地方。假如每个人都帮助你一点,你也希望每个人都帮你一点,你觉得如何才能做到? 答案很明显——只要你能帮助别人美梦成真,那你自己也一定能够心想事成!

各行各业成功的企业家们都是先提供了人们的所需,或者是产品或者是服务,不仅极具价值,而且大量提供,同时,他们还为社会创造无数个就业机会,让无数个家庭得到幸福,企业家自己也得到了赚钱的机会,这难道不是先贡献别人? 不是在为顾客及员工创造价值,为国家和社会创造繁荣? 这当然不是所说的剥削。

在你想到别人要的是什么,并且给予了他,最后你一定会得到你所想要的东西。夫妻之间都认为自己应该从婚姻中得到些什么,于是彼此都得不到。但如果夫妻之间彼此都认为"爱就是付出",于是双方不断付出,那么相信双方也都能够最大限度地获得。

成功者以付出为目的。大量付出、大量服务人群,不断提供给别人有价值的服务与产品,满足大众需求,做到最好,他一定是行业中的翘楚,人群中的领导。

因此,帮助了别人,便是成就自己。

魔力悄悄话

俗话说:赠人玫瑰,手有余香。社会是将人与人联系起来的一张网,在这张网中。无论你做什么,都会影响到周围人。倘若你以自我为中心,周围人就会以为你自私自利而疏远你;反之,则会给他人和善、有度量之感,从而有了对他人的吸引力,自然也就成就了自己。

第三章
用一生来经营友情

生活中许多这样的人，帮了别人的忙，就觉得别人欠他很大的人情，其实这种态度是错误的，也是很危险的，常常会引发反面的后果，也就是：帮了别人的忙，却没有增加自己人情账户的收入，正是因为这种求回馈态度，一切都会等于零。很多人之所以一辈子都碌碌无为，是因为他活了一辈子都没有弄明白该怎样去做人做事。这样，自然也无法与周围的人建立融洽的关系。很快，他们就发现自己做起事情来阻力重重，于是，又感叹社会复杂，人心巨测。

抛开你的成见交朋友

"物以类聚,人以群分",一般的人都愿意同和自己性格相近的人相处,这是无可非议的。一个人要和所有的人都成为亲密朋友,那是不实际的、不可能的。但是,如果我们能学会和各种不同性格的人打交道,工作起来就能相互协调,这样才会对自己有帮助、有好处。

比尔·盖茨能成为世界首富,其中的关键因素就是他能和不同性格的人交朋友。

创立微软公司后不久,盖茨在 20 岁的时候,就跟著名 IBM 电脑公司签下了第一份合约。盖茨之所以可以签到这份合约,是因为他母亲是 IBM 的董事会董事,她介绍儿子认识了董事长。

另外,比尔·盖茨最重要的合伙人保罗·艾伦等人不仅为微软贡献他们的聪明才智,也贡献他们的人脉资源。

人多好办事,人脉就是财脉,所以我们要广交朋友。在日常生活中,我们总会遇见一些让自己心生厌恶的人。当见到这类人、听到这类人的声音时,我们都会产生自然的心理反射作用。但是,我们要明白,这是非常不理智的,这样容易造成互相敌对的局面,对自己害处多多。所以,为了不因对某人毫无理由的厌恶而到处树敌,我们应试着和自己不喜欢的人交朋友。

假如一直抱着冷漠的态度,那你将会错过许多对你来说非常重要的人,纵然像盖茨和巴菲特这样杰出、聪明的人物,也有可能与真正值得交往的人失之交臂。

世界首富比尔·盖茨和世界第二富翁沃伦·巴菲特曾经是两个互不相干的人,两人之间甚至还存在很深的偏见:盖茨认为巴菲特固执、小气,不懂时代先进技术;巴菲特则认为盖茨不过是运气好,靠时髦的东西赚了钱而已。但是,后来他们却成了商场上的知心好友。

在 1991 年的一天,盖茨收到了一张邀请他参加华尔街 CEO 聚会的请帖，主讲人就是巴菲特，他不屑一顾，随手丢到了一旁。盖茨的母亲微笑着劝儿子："我倒是觉得你应该去听听，他或许恰好可以弥补你身上的缺点。"母亲的话让盖茨清醒了许多，决定去见一下这位大他25岁的前辈。

在聚会场所，同样对对方抱有偏见的巴菲特见到盖茨后，傲慢地说："你就是那个传说中非常幸运的年轻人啊。"

盖茨是以一颗真心来结交巴菲特的，因此他没有针锋相对，而是真诚地鞠了一躬，"我很想向前辈学习。"这出乎巴菲特的意料，心里不由对盖茨产生了好感。

离会议开始还有一段时间，巴菲特和盖茨有意坐到了一起，一个讲述，一个倾听，两人惊异地发现，他们有太多的共同点，都是白手起家，热衷冒险，不怕犯错误……

不知不觉中，时间过去了一个多小时，意犹未尽的巴菲特被催促着来到演讲台上，他的开场白竟然是："在开始讲话之前，我想说的是，今天我第一次和比尔·盖茨交谈，他是一个比我聪明的人……"

随着交往的深入，盖茨逐渐了解了巴菲特：他对金钱有着超凡脱俗的深刻见解；他不但支持妻子从事慈善事业，而且身体力行，计划在自己离世后，将全部遗产捐献给慈善事业；他助人为乐，对待朋友非常真诚、信任，他的人格魅力经常打动每一个与之交往的人……

人与人之间存在偏见，不能接纳，往往是彼此没有真心交往、主观臆测的后果。假如先入为主，抱着冷漠和过分警惕的态度，就会与真正值得交往的人失之交臂，留下人生遗憾，改写事业轨迹。主动与人交往，真心与人交往，这是结交朋友的最可靠、最必要的途径。在交往的过程中受益最大的其实还是自己，就像盖茨的母亲所言"他或许恰好可以弥补你身上的缺点"。

在现实社会中，新人刚进入公司时，免不了会把学生时代的观念带进来，尽量避免与自己兴趣不同、印象不良的人做朋友，有的人只跟同时进公司且谈得来的人做朋友，或是只和年轻的同事交谈。如果老是这么做的话，即使本人没有什么坏念头，也会使对方误会，使得大家对你产生不满。

其实，人与人是有差异的，你不能强求别人都和你一样。认识到这一点，就会在内心减少一些反感和厌烦的情绪，就能容忍相互间性格上的差别。

与性格不同的人相处,要学会在不同之中,发现共同之处。跟不同性格的人相处,还要注意了解别人。你应更多地了解对方,并努力去寻求对方的亲近和认同。这样,你可能就会理解他、体谅他、帮助他,慢慢地你们相互就会增进了解,甚至还可能成为好朋友。

魔力悄悄话

求同存异、携手共进,才是一种成熟的处世方式。只有学会如何与不喜欢的人相处这门学问后,你才能够顺利打入各种交际场合和圈子里面去,成为受欢迎的交际能手。

利益越一致,关系越深厚

人际交往的实质是什么?就是利益交换。我们不得不承认的是,大部分朋友都是在谋取共同利益的过程中结交的,利益越一致,关系越深厚。在无处不充满竞争的社会上,人际关系大部分都建立在"我认识这人有什么用"之上。

一个人的交往取向,在一定意义上,会决定自身事业的成败。如果我们经常跟那些没有什么价值的人交往,将会对人生和事业产生消极作用和负面影响,最终,导致我们一事无成。相反,如果经常跟一些有价值的人保持来往,有助于把自己的人生推向一个新的起点。人的一生如果结交了有用的朋友,就可以患难与共,帮助自己的事业成功。

清代重臣曾国藩入仕为官,八年间连跃六品十二级,这在当时是不多见的,这同他结识了"有用之人"大有关系。曾国藩所交益友,对他的人生及事业起了重要作用。其中有给他出谋划策者,有赏识提拔者,有危难之时两肋插刀者,从各个角度烘托着他的事业。因此,他比别人更深刻地体会到,交往有用的朋友的重要性。

你如果想赢得人脉,那就必须在你们之间有种互利关系,这是牢固你们关系的一个根本。当人与人之间相互利用可以占有最大利益时,同甘共苦方会成为共同的选择。你的价值就在于你可以满足他人的需要。如果一个人的朋友很少,那是因为他非常缺乏可以高度满足他人需要的物。这样的人对于别人来说就是一个没有价值的人,自然朋友也不会很多。

每个人都愿意与比自己强的人交往,如果你有非常出众的能力、良好的关系网络等种种可被别人"利用"的价值,你在做事的时候就会感到如鱼得水。如果你没有任何资本,必定是人见人嫌,不会有人对你感兴趣。所以,要想赢得别人的帮助,或者得到别人的器重,那么,你首先就要提升自己被"利用"的价值。也就是说,你的"被利用"价值,决定了你在别人心目中的位置,决定了别人是否愿意帮助你。

鹏浩大学毕业后进入一家机关单位实习。在工作中,他很佩服那些有能力的同事,而且也希望自己能融入对方的圈子,但当鹏浩靠近他们的时候,有些人对他似乎并不太热情,有的甚至对他爱答不理。

起初,他感到困惑。同事之间不是应该相互帮助吗?有一次,偶然间他听到有同事在背后议论他:"鹏浩对我那么好,估计是想从我这里学到一些东西,关键是他什么都不会啊。对我没什么帮助!帮他还不如帮老处长的外甥呢!""就是!"另一个同事随声附和道。

鹏浩听到这些对话后,非常生气,他气愤那些同事们都是些势利的小人。他也明白了,同事并不欠我的,没有理由"应该帮助我",有些人之所以对自己不感兴趣,是因为自己还不具备让人感兴趣的能力与条件。

于是,鹏浩在工作中非常努力,还利用假期参加职业进修班提高自己的职业技能。在接下来的工作中,他不断创造业绩,很快就受到了领导的器重。以前对他不感兴趣的同事们,也渐渐地开始对他表示好感,甚至还有一些老同事要给他做媒呢!

理所当然,试用期结束,鹏浩被留了下来,而那个老处长的外甥被淘汰了。

人之所以愿意与人交往,太多的时候,是因为交往对象能满足自己的某些需求。这种满足,既有精神上的,也有物质上的。所以,按照人际交往的互利原则,人们实际上采取的策略是:既要讲感情,也要有功利。只有不断提升自己"被利用"的价值,才能吸引更多的人帮自己,才能加快成功的步伐。所以我们要不断地加强学习,不放过任何一个能够提升自身价值的机会。

魔力悄悄话

假如你想与某人成为朋友,或与他达成某种交易,那么你必须能够提供某种利益,满足他的某种需要。人与人之间只有相互交换利益、相互满足对方的需要,彼此才能建立密切的关系。

寻找生命中的贵人

人们一直相信"爱拼才会赢",但偏偏有些人拼尽全力也没赢,有一个很重要的原因就是缺少贵人相助。在发展事业的过程中,贵人相助往往是不可缺少的一环,有了贵人,能加大你成功的筹码,使你不断借力向上攀升。

"贵人"可能是指某位身居高位的人,也可能是能力出众、你欲模仿的对象,无论在经验、专长、知识、技能等各方面都比你略胜一筹的人。有贵人相助,的确对事业有助益。一个聪明的人知道,要想在这个世界上生存,有时候单凭个人的努力很难达成目的,这就需要寻找能够帮助自己的人。每个身在职场的人,如果能找到贵人相助,他们轻轻一点拨,你从此就可能一路上升。其实生活中是不缺贵人的,他们可能就是朋友、同事、长辈,或是仅仅萍水相逢的人。

实力固然重要,但贵人相助也不可或缺。有贵人相助,成功就会变得简单得多。所以,找到自己的贵人,并博得他们的信任和赏识是成功的重要步骤。

也许你还没有足够的资本开创自己的事业,那么你不妨试着寻找生命中的贵人。使自己成为一流人物的途径之一,就是要在自己所处的环境里,要积极设法与站在优势地位的人交往,并吸取他们成功的经验和精华,这对你的生活和工作必将大有助益。有心者要常去结交那些极具影响力的人物。当你将他变成了自己圈子里的人后,在他的影响和帮助下,你自己本身也会自发产生一种向上的动力。这样即使你无法成功,至少也可以在成功的附近徘徊。

安徒生是一个穷鞋匠的儿子,但是他却能积极主动地接近声名显赫的大人物。当他从报纸上得知某位大人物的行踪时,他会先了解其具体情况,然后冲上去,把自己介绍给他,并准确地表达这样的意思:我现在的情况很窘迫,我很希望得到您的帮助。用这种方法,他敲开过当时丹麦歌剧皇后的门,敲开过哥本哈根皇家剧院主任和院长的门。就这样,在被拒绝过无数次之后,他为自己谋得了一个在皇家歌剧院伴唱的差事,并在不久后获得了一位大学校长的全额高等教育资助。本来毫无背景的穷孩子,就这样一步步向上流社会迈进。

这世界上的任何一种运气都不会无缘无故地降临在一个人头上。贵人的提携也是一样,有些人之所以能受贵人的喜欢,在于他们身上有一些特殊的个性。他们的共同之处在于沟通能力强,并且非常乐于表现自己。想引起"大人物"的注意,就要瞅准机会适当地表现自己,要让他们看到自己的独特之处,领略到自己与众不同的才华。

魔力悄悄话

聪明的人赶紧"有所作为"吧!写信,发邮件,参加大人物常参与的社交活动,或通过直接、间接的介绍,这些都可以作为与之相交的可行方法。只要你态度真诚,手法高明,他一定会进入你的圈子里的。

从现在开始,我们不妨试试"巧攀贵人"这一招,借助贵人的力量取得成功。

惧怕矛盾，不如将之解决掉

　　每个人都希望自己能和别人建立美好、和谐的关系，然而，要实现这一愿望并非易事。在现实生活中，每一个人，或多或少，或轻或重，都遇到过"冷落"，不管你是自觉的还是不自觉的、情愿的还是不情愿的，谁也休想与它绝缘。

　　面对被人冷落的现象，您应当首先承认它的存在，允许它的发生。就是说要有接受冷落的心理准备。当然，承认冷落的存在，并非是承认它存在的合理性，而是承认它存在的客观性。既然矛盾是客观存在的，那么，与其回避矛盾，惧怕矛盾，不如将之解决掉。

　　每个人都程度不同地尝到过被人冷落的滋味，但人们面对"冷落"所采取的态度却不尽相同。有的人面对"冷落"，便变得消沉起来，一蹶不振。在与人交往时，表情不自然，说话也走了样，想好的话也变了调，对方对这样的人当然很难看得起。于是，越受对方的"冷落"，越感到紧张、不自在，致使心理压力越来越大，形成恶性循环，以致对以后的交往产生了诸多不良影响，最终使自己陷入自我封闭、孤独寂寞的困境而难以自拔。

　　有的人不怕"冷落"，仍然表现出了一种泰然处之、从容应对的超然境界，其结果是使自己渡过"冷落"，走向"热烈"，发展出了良好的人际关系。

　　小程毕业后在某外事部门工作。开始时领导和同事们好像对他并无多大的好感，显得比较淡漠。他急于想与几位年龄相仿的同事打成一片，他们却似乎总是回避他，使他产生了"格格不入"的孤独感，觉得很苦闷。

　　无奈之下，小程就去向职场专家请教，当对方得知了他的苦恼之后，笑着开导他说："他们冷，你就热，就是石头也能焐热！"

　　小程听了这番话，顿时觉得茅塞顿开。从此之后，他主动接近同事，寻找相互了解的机会。在努力做好自己工作的同时，还主动帮助同事做一些力所能及的事情。比如：他每天都会提前来到办公室，打扫卫生，并根据每个人的喜好，沏上一杯热茶或是倒上一杯开水……不论在工作中还是偶遇同事，小程都热情主动地上前打招呼；单位组织的集体活动，小程都积极参与；遇到同事家有婚丧嫁娶的事情，小程主动去帮忙；有时周末之余、节假日里，小程还主动邀请同事去参加舞会，或者一同上街购物。渐渐地同事们对小程有了热情，并开始接受他，小程的人际关系越来越好。

一年后，单位有一个出国深造名额，经过大家的一致认定，把这个很让人眼红的机会给了小程。

小程的方式是属于"以热对冷"，而使对方的好感升温。每一个人都需要有丰富的人际关系，并在这个世界上感受帮助与被帮助、同情与被同情、爱与被爱、共享欢乐与承受痛苦。在社会交往中，那些主动去接纳别人的人，在人际关系上较为自信。你的主动交往很重要，特别是当受人"冷落"时，主动解释，消除误解，是重新建立良好的人际关系的关键。

"冷落"是客观存在的，我们要直面冷落，既不回避，也不惧怕。比如，面对冷落你的人，早上初见面时，可以主动上前去问候一声：早上好；当对方工作忙时，你可以助他一臂之力；当对方乔迁新居时，你可以主动去当个帮手，等等。如果你能这样去想、去做，是完全有可能改变对方的态度的。精诚所至，金石为开。看上去似乎你显得"委屈"了一些，但在他人的心目中，你是有胸怀的、值得信赖的。人与人之间的交往本来就是这样：你想得到别人的尊重，自己先要尊重别人；你想得到别人的热情，自己先要热情待人；你想得到别人的理解，自己先要理解别人。这样，用自己的热情博得他人的好感；用自己的温情暖化他人心中的坚冰。

魔力悄悄话

交际中存在着互动的心理倾向，你以什么样的态度对人，别人也同样回报你什么态度。有的人在处理人际关系上，总是你对我好，我就对你好；你看不上我，我也不买你的账：这至少是一种不够大度的姿态。人与人之间的交流是双向的，为了以后的人缘更好，当前也许需要你以"热"对"冷"，做出一些必要的让步和付出。

为自己储备人情

人与人之间是讲感情的。要想获得别人的感情，首先自己要多付出。尽管在当今社会，由于生活节奏的加快，人与人之间的关系较之以前稍显淡漠，但是"人情生意"却从未间断过。要想办事顺利，就要提前准备筹划，为自己储备人情。

推销大师乔·吉拉德有一句名言："我相信推销活动真正的开始在成交之后，而不是之前。"这种观念使得吉拉德在和自己的顾客成交之后，并不是把他们置于脑后，而是继续关心他们，并恰当地表示出来。吉拉德从来没有忘记他之所以在推销生涯中获得成功，是因为有众多信任他的客户朋友。他由衷地感激他们，因此除了给他们提供周到的服务，还经常给他们赠送小礼品表达心意。每一位客户每年都会收到他的感谢信、生日卡或者圣诞卡，吉拉德每月要给他的一万多名顾客寄去一张贺卡。一月份祝贺新年，二月份纪念华盛顿诞辰日，三月份祝贺圣帕特里克日……凡是在吉拉德那里买了汽车的人，都收到了吉拉德的贺卡，也就记住了吉拉德。

人与人之间关系的好坏不一定只有在大事中才能体现出来，在日常生活的琐碎事之中更能体现出你的友善。既懂得工作的重要，又深知生活的乐趣，随时把心中最真诚的愉悦带给大家，这正是处理好人际关系的要诀。

只有真正关注他人，才能赢得他人的注意、帮忙和合作。我们一定要关心每一个朋友，适时送一些他们喜欢的礼物，在适当的时候问候他们及家人，这样你在事业上一定会无往不胜的。

蒋平是某电器公司的老总，他平时非常注重人情投资。他的交际方式的与众不同之处是：不仅联络各界要人，对年轻的职员也投入感情。

事前，他总是想方设法将电器公司内各员工的学历、人际关系、工作能力和业绩做一次全面的调查和了解，认为某个人大有前途，以后会成为该公司的要员时，不管他有多年轻，都尽心款待，他这样做的目的，是为日后获得更多的利益做准备。他明白,诸多欠他人情债的人当中肯定会有人给他带来意想不到的收益。他现在做的亏本生意,日后会利滚利地收回。

所以,当自己所看中的某位年轻职员晋升为科长时,他会立即跑去庆祝,赠送礼物。年轻的科长,自然倍加感动,无形之中产生了感恩图报的意识。他却说:"我们公司有今日,完全是你努力的结果,因此,我向你这位优秀的职员表示谢意,也是应该的。"

这样,当有朝一日这些职员晋升至处长、经理等要职时,还记着他的恩惠。因此在生意竞争十分激烈的时期,许多承包商倒闭的倒闭了、破产的破产了,而他的公司却仍旧生意兴隆,其原因是他平时注意人情投资的结果。

可见,"储存人情"应该是经常性的,不可似有似无,从生意场到日常交往,都应该处处留心,善待每一个关系伙伴,从小处、细处着眼,事事落在实处。真正善于利用关系的人都有长远的眼光,能早做准备,未雨绸缪。这样,在危急时就会得到意想不到的帮助。

每个希望有所作为的人,一定要珍惜人与人之间宝贵的缘分,即使再忙,也别忘了沟通感情,比如和朋友吃饭、同客户交谈、和他人闲聊等。我们应意识到这些交际的重要性,一方面能加深现有的关系,而且还能拓宽人际的圈子。你只需定期与朋友通个电话,发一封电子邮件,或是喝杯咖啡聚一聚,就可能为你带来许多新感受,增加许多新机会。

魔力悄悄话

归根结底,人际交往就是用一生的时间来经营友谊。不要忽视人的作用,关爱你身边的人,花些心思维系和培养友谊吧。在人际交往中,多注意对周围的人做点感情投资是值得的。说得世俗一些,你现在钓不到大鱼,就应该对身边的小鱼来一个"全面撒网,重点培养",为自己创造一个日后发展的人际基础。

有自制力才能抓住成功的机会

你可以立刻去询问你所遇见的任何 10 个人，问他们为什么不能在他们所从事的行业中获得更大的成就，这 10 个人当中，至少有 9 个人将会告诉你，他们并未获得好机会。你可以对他们的行为作一整天的观察，以便对这 9 个人做更进一步的正确分析。我敢保证，你将会发现，他们在这一天的每个小时当中，正不知不觉地把自动来到他们面前的良好机会推掉。

有一天，拿破仑·希尔站在一家商店出售手套的柜台前，和受雇于这家商店的一名年轻人聊天。他告诉拿破仑·希尔，他在这家商店服务已经 4 年了，但由于这家商店的"短视"，他的服务并未受到店方的赏识，因此，他目前正在寻找其他工作，准备跳槽。

在他们谈话中间，有位顾客走到他面前，要求看一些帽子。这位年轻店员对这名顾客请求置之不理，一直继续和希尔谈话，虽然这名顾客已经显出不耐烦的神情，但他还是不理。最后，他把话说完了，这才转身向那名顾客说："这儿不是帽子专柜。"那名顾客又问，帽子专柜在什么地方。这位年轻人回答说："你去问那边的管理员好了，他会告诉你怎么找到帽子专柜。"

4 年多来，这位年轻人一直处于一个很好的机会中；但他却不知道。他本来可以和他所服务过的每个人结成好朋友，而这些人可以使他成为这家店里最有价值的人。因为这些人都会成为他的老顾客，而不断回来同他交易。

但是，他拒绝或忽视运用自制力，对顾客的询问不搭不理，或是冷淡地随便回答一声，就把好机会一个又一个地损失掉了。

某一个下雨天的下午，有位老妇人走进匹兹堡的一家百货公司，漫无目的地在公司内闲逛，很显然是一副不打算买东西的态度。大多数的售货员只对她瞧上一眼。然后就自顾自地忙着整理货架上的商品，以避免这位老太太去麻烦他们。其中一位年轻的男店员看到了她，立刻主动地向她打招呼，很有礼貌地问她，是否有需要他服务的地方。这位老太太对他说，她只是进来躲雨罢了，并不打算买任何东西。这位年轻人安慰她说，即使如此，她仍然很受欢迎，并且主动和她聊天，以显示他确实欢迎她。当她离去时，这名年轻人还陪她到街上，替她把伞撑开。这位老太太向这名年轻人要了一张名片，然后径自走开了。

后来，这位年轻人完全忘了这件事情。但是，有一天，他突然被公司老板召到办公室去，老板向他出示一封信，是位老太太写来的。这位老太太要求这家百货公司派一名销售员前往苏格兰，代表该公司接下装潢一所豪华住宅的工作。

这位老太太就是美国钢铁大王卡内基的母亲，也就是这位年轻店员在几个月前很有礼貌地护送到街上的那位老太太。

在这封信中，卡内基母亲特别指定这名年轻人代表公司去接受这项工作。这项工作的交易金额数目巨大。这名年轻人如果不是曾好心地招待了这位不想买东西的老太太，那么，他将永远不会获得这个极佳的晋升机会的。

魔力悄悄话

伟大生活的基本原则都包含在我们大多数人永远不会去注意的最普通的日常生活经验中，同样地，真正的机会也经常藏匿在看来并不重要的生活琐事中。

第四章
宽容，容下的也是人情

　　其实，我们生活在一个现实的社会。一些人和事，你无法改变的时候，就需要改变自己，努力让自己适应这个社会，如果不想处处碰壁，你就必须懂得一些人情世故。

　　也有一些人总是抱着"有事有人，无事无人"的态度，把朋友当作受伤后的拐杖，复原后就扔掉。一个没有人情味的人，他的人情账户永远都不会有太大的收入。人们在一起共事时，大家同舟共济，共同的命运把彼此联系在一起，只要采取合作态度，互相支持、互相帮助、互相关照，是最容易产生感情认同的。

海纳百川，有容乃大

古人常言："海纳百川，有容乃大；壁立千仞，无欲则刚。"这是对山河雄伟的赞美，说明海的大，山的挺拔。也可比喻人的胸怀宽广、大度，既要有宽容的性格，又要为人正直，不要有任何的私欲，要大公无私方可站得稳行得正，无私则无畏。

三国时期的蜀国，在诸葛亮去世后任用蒋琬主持朝政。他的属下有个叫杨戏的，性格孤僻，讷于言语。蒋琬与他说话，他也是只应不答。有人看不惯，在蒋琬面前嘀咕说："杨戏这人对您如此怠慢，太不像话了！"蒋琬坦然一笑，说："人嘛，都有各自的脾气秉性。让杨戏当面说赞扬我的话，那可不是他的本性；让他当着众人的面说我的不是，他会觉得我下不来台。所以，他只好不作声了。其实，这正是他为人的可贵之处。"后来，有人赞蒋琬"宰相肚里能撑船"。

有句话说得好："天空收容每一片云彩，不论其美丑，故天空广阔无比；高山收容每一块岩石，不论其大小，故高山雄伟壮观；大海收容每一滴细水，不论其大小，故大海浩瀚无涯。心灵的自由，真性的飘逸，胸襟的坦荡，气质的超然，才是真正快乐的人生。"其实，宽容大度的事例不胜枚举。

一位禅学大师有一个老是爱抱怨的弟子。有一天，大师派这个弟子去集市买了一袋盐。弟子回来后，大师吩咐他抓一把盐放入一杯水中，然后喝一口。

"味道如何？"大师问道。

"咸得发苦。"弟子皱着眉头答道。

随后，大师又带着弟子来到湖边，吩咐他把剩下的盐撒进湖里，然后说道："再尝尝湖水。"

弟子弯腰捧起湖水尝了尝。

大师问道："什么味道?"

"纯净甜美。"弟子答道。

"尝到咸味了吗?"大师又问。

"没有。"弟子答道。

大师点了点头,微笑着对弟子说道:"生命中的痛苦是盐,它的咸淡取决于盛它的容器。"

法国著名文学家雨果曾说:世界上最宽阔的是海洋,比海洋更宽阔的是天空,比天空更宽阔的是人的心灵。海之所以为海,是因为海纳百川,不拒细流。无论是江河湖泊,还是溪涧细流,只要奔来,都一概欢迎,显出极大的包容性。海之所以为海,是因为海量恢宏,不拘细节,无论天上的雨,空中的雾,还是地上的水,无论是清的浑的,只要投奔于大海,大海都一样地接纳,具有极强的吸收性。

有个姑娘要开音乐会,在海报上说自己是李斯特的学生。演出前一天。李斯特却出乎意外地出现在姑娘面前。姑娘惊恐万状,不知道怎么办,抽泣着说:"冒充您的学生,真是很对不起。可是我为了生活。"说到此时。女孩已经泣不成声。李斯特脸上的表情很淡定,也很释然。女孩不知道迎接她的将是什么样的惩罚。这时,李斯特语气很委婉地说:"你把要演奏的曲子弹给我听听。"女孩怔了一下,不知道会有怎样的结果。她仗着胆子,哆哆嗦嗦走到钢琴旁,弹奏起来。没想到的是,此时的李斯特走到她的身边,并加以指点,最后爽快地说:"大胆地上台演奏吧,你现在已是我的学生了。你可以向剧场经理宣布,晚会最后一个节目,由老师为学生演奏。"李斯特的这句话使女孩破涕为笑,不知道说什么好。果然,李斯特在音乐会上弹了最后一曲。

可见,宽容是人们幸福生活的源泉。因为宽容之于爱,正如和风之于春日,阳光之于冬天。它是人类灵魂里美丽的风景。有了博大的胸怀和宽容一切的心灵,宽容自然会散发出浓浓的醇香。

如果你有一颗坦诚、宽容的心,便能坦然地面对当今复杂多变的社会,人生也就会因此而变得绚丽多彩。心有多大,舞台就有多大。当你的心如蓝天大海一样宽阔深远，你就能包容整个世界。而当你的心正为小事的得失而烦恼时，你的世界就会被桎梏在方寸之间，举步维艰。海纳百川，有容乃大，我们便会拥有一个美丽的世界！

魔力悄悄话

　　"一个伟大的人有两颗心，一颗心宽容，一颗心流血。"做人宽容一些，能给自己留下很大的空间。其实生活中幸福和欢乐并不少，烦恼和痛苦也不是很多，就看你怎样感受了，只要你有颗宽容之心，你哪怕只是默默地望着一棵树或者一朵云，也会是你人生中的一种享受。

宽容的人多人缘、多快乐

人非圣贤，孰能无过，每个人都有犯错的时候。当别人伤害你时，千万不要破罐子破摔，要用一颗宽容的心去感化那些伤害过我们的人，试着原谅他人对你的伤害。

宽容是一种润滑剂，可以消除人之间的摩擦；宽容是一种镇静剂，可以使人在众多纷扰中恪守平静。宽容是强烈的阳光，可消融彼此间的猜疑积雪；宽容是一座桥梁，将彼此间的心灵沟通。

智者能容。越是睿智的人，越是胸怀宽广，大度能容。因为他洞明世事，练达人情。看得深、想得开、放得下。也因为他非常聪明地发现：处世让一步为高，退步即进步的根本，待人宽一分是福，是利人又利己的根基。富有仁爱精神的人，也必定是宽容的人。"老吾老，以及人之老；幼吾幼，以及人之幼"，不苛求于己，也不苛求于人。所以，与刻薄多忌的人相比，宽容的人必多人缘、多快乐。

"二战"期间，一支部队在森林中与敌军相遇，激战后的两名战士与部队失去了联系。这两名战士来自同一个小镇。两人在森林中艰难跋涉，他们互相鼓励、互相安慰。十多天过去了，仍未与部队联系上。这一天，他们打死了一只鹿，依靠鹿肉又艰难度过了几天。也许是战争使动物四散奔逃或被杀光，此后，他们再也没看到过任何动物。他们仅剩下的一点鹿肉，背在年轻战士的身上。这一天，他们在森林中又一次与敌人相遇，经过再一次激战。他们巧妙地避开了敌人。

就在自以为已经安全时，只听一声枪响，走在前面的年轻战士中了一枪——幸亏伤在肩膀上！后面的士兵惶恐地跑了过来，他害怕得语无伦次，抱着战友的身体泪流不止，并赶快把自己的衬衣撕下包扎战友的伤口。

晚上，未受伤的士兵一直念叨着母亲的名字，两眼直勾勾的。他们都以为他们熬不过这一关了，尽管饥饿难忍，可他们谁也没动身边的鹿肉。天知道他们是怎么过的那一夜。第二天，部队救出了他们。

事隔三十年，那位受伤的战士安德森说："我知道谁开的那一枪，他就是我的战友。当时在他抱住我时，我碰到他发热的枪管。我怎么也不明白，他为什么对我开枪？但当晚我就宽容了他。我知道他想独吞我身上的鹿肉，我也知道他想为了他的母亲而活下来。此后三十年，我假装根本不知道此事，也从不提及。战争太残酷了！他母亲还是没有等到他回来，我和他一起祭奠了她老人家。那一天，他跪下来，请求我原谅他，我没让他说下去。我们又做了几十年的朋友，我宽容了他。"

宽容是一种美德，宽容别人就是很好地善待自己。宽容是一种智慧，是一种气度，一个人的生活总是被怨恨所包围着，心情就不能自由舒展，就永远生活在黑暗之中。

宽容是一种修养、一种度量、一种成熟、一种境界。但宽容是有限度的，那就是"是非观念与道德标准"。因为我们的社会还不完美，并非每个人都心存美德与善良。因此，在倡导宽容的同时，还应该保持宽容的原则和底线，这才是真正的宽容。

真正学会宽容，许多的恩怨情仇可以化为过眼烟云；学会宽容，可以对所有的误解和猜疑置之度外、不闻不问。

在人际交往和工作中，我们对于所有善意的过错都可以给予宽容；对于偶然的失误也可以给予宽容；对于任性也可以给予宽容；对于无意伤害也可以给予宽容。生活就会因为你的这份宽容而变得更美好！

魔力悄悄话

宽容有三种境界，可以养鱼为鱼：最初级的境界是玻璃缸赏鱼，只让它在一定的范围存在和活动；中等境界是池塘养鱼，因地就利，因势利导，水肥鱼跃，鱼长水活，相互利用；最高境界则是江海生鱼，千形万类，任其自生，海阔天高，任其自游，由此也就成就了海的博大和丰富。

打败对手的最好方法就是化敌为友

我们需要朋友,朋友可以在感情上给予我们最好的鼓励。但是,在生活中,不会每一个人都是你的朋友,有的也是你的竞争对手。莎士比亚曾说:"不要因为你的敌人而燃起一把怒火,热得烧伤了自己。"世间最具毁灭性的是什么? 即为冤冤相报。因其仇恨,不仅解决不了任何问题,而且必定抹杀所有真理的原则,一并激化更多更烈的矛盾。

如果有人问你会尊重你的竞争对手吗? 很多人肯定会说,当然不会了,一听说是竞争对手首先想到的就是要打败他。其实遇到对手,最好的方法就是化敌为友,这就要求你必须要尊重你的对手。

1944 年冬天,苏军已经把德军赶出了国门,成百万的德国兵被俘虏。每天,都有一队队的德国战俘从莫斯科大街上穿过。当德国兵从街道走过时,所有的马路都挤满了人。

苏军士兵和警察警戒在战俘和围观者之间。围观者大部分是妇女。她们当中的每一个人,都是战争的受害者,或者是父亲,或者是丈夫,或者是兄弟,或者是儿子,都让德国兵杀死了。她们每个人和德国人都有着一笔血债。妇女们怀着满腔仇恨,当俘虏们出现时,她们把一双双勤劳的手捏成了拳头,士兵和警察们竭尽全力阻挡着她们,生怕她们控制不住自己的冲动。

这时,最令人意想不到的事情发生了:一位上了年纪的妇女,穿着一双战争年代的破旧的长筒靴。她走到一个警察身边,希望警察能让她走近俘虏。警察同意了这个老妇人的请求。

她到了俘虏身边,从怀里掏出一个用印花布方巾包裹的东西。里面是一块黑面包,她不好意思地把这块黑面包塞到了一个疲惫不堪的、两条腿勉强支撑得住的俘虏的衣袋里。看着她身后那些充满仇恨的同胞们,她开口说话了:"当这些人手持武器出现在战场上时,他们是敌人。可当他们解除了武装出现在街道上时,他们是跟所有别的人、跟'我们'和'自己'一样具有共同外形的共同人性的人。"

于是，整个气氛改变了。妇女们从四面八方一齐拥向俘房，把面包、香烟等各种东西塞给这些战俘。

戴尔·卡耐基认为，即使我们难以去爱一个仇人和对手，但也要学会去爱自己；不要使仇人控制我们的快乐、我们的健康、我们的外表。因为让仇家知道我们对他的怨恨使我们精疲力竭、疲倦而紧张不安，甚至使我们的生命缩短时，他们不是会拍手称快吗？学会原谅敌人、仇人，也是自己处世的一种智慧。

生活中，有很多人都把自己的竞争对手视为是心腹大患，是异己，是眼中钉、肉中刺，恨不得马上除之而后快。其实只要反过来仔细一想，便会发现拥有一个强劲的对手反倒是一种福分、一种造化，当你化敌为友时，更是一种收获。爱你的仇人，不仅善待了自己，更善待了自己的心灵。善待我们身边的敌人，虽然他们是我们的对手，对我们构成了表面上的威胁，但也因为这些敌人的存在，使得我们多了一份警戒、多了一份竞争力，也因此才多了一份活力。

魔力悄悄话

爱你的仇人是智者的行为，是一种境界，是一种品德。所谓：冤冤相报何时了？冤家宜解不宜结。只要有个宽容的胸怀，忍一忍。晴空万里；退一步，海阔天空。

别掉进猜疑的陷阱

猜疑是人性的弱点之一，历来是害人害己的祸根，是卑鄙灵魂的伙伴。猜疑似一条无形的绳索，捆绑着我们的思路，一个人一旦掉进猜疑的陷阱，必定处处神经过敏，事事捕风捉影，对他人失去信任，对自己也同样心生疑窦，损害正常的人际关系，影响个人的身心健康。

朱元璋推翻了元朝，建立了大明王朝。他登上皇位后疑心很重，任意曲解和胡乱剖析字词。"原来"这个词在明之前是不存在的。那时通用的是"元来"。"元"是起初、开始、本来的意思。如南宋诗人陆游的一首诗首句"死去元知万事空，但悲不见九州同"中的"元"（后人将诗中的"元"改为"原"）。陆诗中的"元"用得非常贴切准确，改为"原"后意义反而不明。为何改动？这还是朱元璋猜忌的结果。他一看到"元来"就心神不安，心惊肉跳。"元来"不但冲撞了自己的名，更可怕的是它还暗含"元朝回来"之意，这不是元朝要复辟吗？于是他决心要灭掉这不祥之词，但这是普通的常用词不能不用。即使现在消灭了，过去的重要文献书籍中还大量存在，怎能挖掉呢？有一位聪明的大臣看透了朱元璋的心思，便建议将"元"改为"原"。朱元璋听了大喜，随即诏令"原来"通行天下，"元来"从此绝迹。本来当是"元始社会"的也成了"原始社会"。

朱元璋早年交了一位和尚朋友，关系十分密切。朱元璋当皇帝后更加友好，隔三差五地邀请其入宫吃喝玩乐，共享富贵。和尚知恩图报，便写一首诗颂扬皇上无量功德。首句是"金盘合苏来殊域"，朱元璋看后勃然大怒，立即将其斩首。众人见之惊恐万状，不知何故杀了这和尚。后来虽知因这首诗犯了死罪，但众多大臣反复看诗细心琢磨也找不到哪个字词冒犯了皇上。又过了很久，人们才得知因诗中用了"殊"字，"殊"是由歹和朱二字组成，朱元璋认为拆开念，不论从右向左，还是从左向右，都是骂他不是好东西，如此骂他，岂可容留？

培根曾如此形容猜疑："它是迷陷人的,乱人心智的,它能让你陷入迷惑,混淆敌友,从而破坏他人的事业。"一般说来,一个襟怀坦荡、豁达的人是不会轻易猜疑他人的。克服自身的猜疑心理,加强个人思想品质修养,使自己成为胸怀宽阔、大公无私的人。

有这样一个有趣的故事。

船夫一大早就因为一件小事和妻子吵了起来。结果越吵越凶,妻子后来竟然把一个暖瓶摔到了地上。船夫生气极了,他不再理会仍在哭闹的妻子,他觉得妻子真是不可理喻,他甚至想这样的日子真是过到了头。这样想着,船夫一气之下就把家里的5000元现金放在了衣服里。如果妻子不向我道歉,那我就在外面住下来,不再回家,他想。

船夫就这样带着一肚子气去岸边了。生气归生气,可是生活还要继续。船夫刚到岸边就有两个年轻人雇了他的船。这两个年轻人上了船就发现船夫的神色有些不对劲,他一直板着脸、皱着眉头,看上去有些可怕。"难道上了贼船?听说江河边有很多强盗出没,他们假扮成船夫专门劫乘船人的财物,然后再把乘船人扔到江里淹死。"两个人这样想着,不由得害怕起来。他们刚刚从城里干活回来,好不容易挣到的几千块钱全都带在身上。这可是他们一年的全部收入啊,如果被强盗抢了去,那家里等着用钱的父母和妻儿可怎么办?况且如果就这样被强盗杀害,自己更是死不瞑目。于是两个人开始小心翼翼地商议应该如何对付这个身体强壮的船夫。

开始时船夫心里一直在想着与妻子吵架的事情,本来就是因为一点小事,自己为什么要发那么大的火呢?想到妻子平时为家里操劳,船夫更是后悔不已。他想等送走这两位客人,他一定要赶快回家去向妻子道歉。这样想着,船夫就抬起头来使劲划船。可他看到两位乘客背对着他鬼鬼祟祟地在商议着什么,难道这两个人是坏人?越看这两个人越不像好人。自己当初只顾着和妻子生气了,一直没注意这两个人是如此可疑。而且家中的5000元钱也全被自己带在了身上,船夫真是后悔至极!

两位乘客看到船夫的表情更加难看,心里更是害怕。可是他们互相鼓励不要害怕,要镇定。其中一个矮个子想到自己为儿子买了一枝玩具手枪。于是拿出来壮胆,另一位高个子则故意大声暗示自己有十几个弟兄在岸边接应,如果到时候看不到他们上岸就会找江上的船夫算账。

船夫听到他们恶狠狠的话吓了一大跳。可是他也绝不能轻易放弃反抗，如果钱被这两个人抢去的话，那自己就更对不起妻子了。他这样想着，不料因用力过度将手中的船橹"咔"的一声就折成了两截。他一手拿着一半船橹怒视着两位乘客。船夫的这一举动吓坏了两位乘客，可是他们也不愿意就此将自己辛辛苦苦赚来的血汗钱拱手相让。于是他们决定做最后的一搏。高个子乘客相对来说比较有力气，于是他站起来做了几个功夫招式，然后用力一掌劈向船舷。船开始剧烈地摇晃，此时船夫想到了一个不得已的办法——跳江，也许只有这个办法可以逃生。两位乘客虽说游泳的技术不好，可是此时也顾不得那么多了，在船夫跳船的那一刻他们也纵身跳到了江里。

双方都感到纳闷，怎么不见对方抢钱，反而跳进了水里呢？矮个子乘客的水性不好，刚游了几下就大呼救命。高个子一边在水里扑腾一边求船夫饶过他们，并说他们愿意将身上的钱全部交出来。船夫还没弄清是怎么回事，可是想到救人要紧，于是把两位乘客一一救回船上。上船以后经过一番解释，三人才知道这是一场误会。大家不由得感慨："误会的根源就是彼此怀疑。一次误会差点使三人都不明不白地丧命。"

可见，相互怀疑常常会使人际交往形成一种恶性循环，许多原本很好的人际关系就是这样被破坏的。人际交往永远都是相互的，你给予对方真诚，对方也会与你坦诚相见；你向别人施以怀疑，那别人对你同样不会信任。

魔力悄悄话

怀疑是一种不自信的表现。只要具备宽广的胸怀、博大的胸襟，宽容善待周围的人和事，就会在人际交往中游刃有余了。

宽厚是一种化敌为友的胸怀

有句话说得好："大其心能容天下之物，虚其心能受天下之善，平其心能论天下之事，廉其心能观天下之理，定其心能应天下之变。"

自古以来，宽厚的品德、宽容的心态一直为世人所称颂，心胸狭窄被认为是一种病态。宽厚是一种化敌为友的胸怀，它是一种与人和谐相处的素质，能化解彼此间的矛盾，起到大事化小、小事化了的作用。

一位德高望重的长者，在寺院的高墙边发现一把座椅，他知道有人借此越墙到寺外。长老搬走了椅子，凭感觉在这儿等候。午夜，外出的小和尚爬上墙，再跳到"椅子"上，他觉得"椅子"不似先前硬，软软的甚至有点弹性。落地后小和尚定眼一看，才知道椅子已经变成了长老，原来他跳在长老的身上，后者是用脊梁来承接他的。

小和尚仓皇离去，这以后一段日子他诚惶诚恐地等候着长老的发落。但长老并没有这样做，压根儿没提及这"天知地知你知我知"的事。小和尚从长老的宽容中获得启示，他收住了心再没有去翻墙，通过刻苦的修炼，成了寺院里的佼佼者，若干年后，他成为这儿的长老。

无独有偶，有位老师发现一位学生上课时时常低着头画些什么，有一天他走过去拿起学生的画，发现画中的人物正是龇牙咧嘴的自己。老师没有发火，只是憨憨地笑道，要学生课后再加工，把画画得更神似一些。而自此那位学生上课时再没有画画，各门课都学得不错，后来他成为颇有造诣的漫画家。

通过上面的例子，设想一下除去其他因素，归集到一点：主人公后来有所作为，与当初长老、老师的宽容不无关系，可以说是宽容唤起的潜意识，纠正了他们的人生之舵。

宽容不仅需要"海量"，更是一种修养促成的智慧，事实上只有那胸襟开阔的人才会自然而然地运用宽容;反之,长老若搬去椅子对小和尚"杀一儆百"也没什么说不过去的,小和尚可能从此收敛但绝不会真正反省,也就没以后的故事。同样,老师对学生的恶作剧通常是大发雷霆,继而是狠狠批评,但也因为方式太"通常"了,就很难取得"不通常"的效果。其实这都涉及一个问题,即管理。所谓管理,说到底就是理顺人与人的对应关系,使管理者与被管理者之间达到和谐的统一,真正上档次的管理是一门艺术。

清朝时期,宰相张廷玉与一位姓叶的侍郎都是安徽桐城人。两家毗临而居。都要起房造屋,为争地皮,发生了争执。张老夫人便修书北京,要张宰相出面干预。这位宰相到底见识不凡,看罢来信,立即作诗劝导老夫人:"千里家书只为墙,再让三尺又何妨? 万里长城今犹在,不见当年秦始皇。"张母见书明理,立即把墙主动退后三尺;叶家见此情景,深感惭愧,也马上把墙让后三尺。这样,张叶两家的院墙之间,就形成了六尺宽的巷道,成了有名的"六尺巷"。张廷玉失去的是祖传的几分宅基地,换来的确是邻里的和睦及流芳百世的美名。

可见,如果一个人常常为了一点小事就耿耿于怀,甚至严厉地指责别人的不是,如此不但让人望而生畏,不敢亲近你,自己也会因为不得人缘而愁闷苦恼,真是伤人又伤己。

宽厚,是一束智慧的柔光,照彻了他人的心田,也洞明了自己的心扉。仿佛是早晨的阳光,用自己无限的光芒和柔情去普照花草鸟兽、芸芸众生,也成就了博大光明的自己。

唐朝大臣狄仁杰,待人宽厚,深得部下和民众的爱戴。武则天皇帝派宰相张光辅到汝南去讨伐造反的李贞,由于老百姓起义反贞。李贞很快就被打败,全家自杀。可是李贞的党羽有两千多人,全部被张光辅判了死刑。狄仁杰那时在豫州做刺史,听到了这件事,打抱不平,连忙写了一封奏章给武则天,说李贞的那两千多个党羽,不过是被李贞威胁,根本就不是存心造反,如果把他们统统杀死,实在是冤枉,也未免太残忍了,因此请求宽免。武则天听了狄仁杰的话,便把这两千多人免去死罪,改罚到边境去服役。

张光辅消灭了李贞,自以为有功,纵容他的士兵到处抢劫,闹得民间鸡犬不宁! 狄仁杰看不过眼,就向张光辅提出抗议。张光辅心里很恨狄仁杰,到京城，马上向武则天进谗言，说狄仁杰的坏话；武则天误信张光辅的话，就把狄仁杰贬到复州去做刺史。但是，狄仁杰毕竟是个有才能的好人。不久，武则天省悟过来，又升狄仁杰到京城来做大官。

有一天，武则天对狄仁杰说："你在外面做官，成绩很好。因为有人讲你的坏话，我一时未察，才把你贬到复州去，你要知道讲你坏话的那个人吗？"狄仁杰答道："如果我有过失，应该把它改掉；要是没有过失，我的心已经很安乐了，何必要知道说我坏话的人呢？"

宽容是人类性情的空间，懂得宽容别人，自己的性情也就有了周旋的余地。宽厚者，以其睿智的善良，容纳了一切的美好，一切邪恶的灵魂在宽厚的面前无地自容。

宽厚的力量，是浩瀚海洋永远不息的涌动之力，是茫茫天空的无言包蕴之力，是宽广无比、强大无比的心灵之力。宽厚待人，才会得到更多人的拥护和支持，才能在他人心里留有一定的位置，自己的理想抱负才能更易实现。

魔力悄悄话

不论是亲朋好友，还是邻里之间，都需要宽厚、礼让，都需要大事化小、小事化了的处事法则。人生短暂几十载，不要事事跟别人计较。其实你在爱别人的时候，也就是在爱自己了。

要学会保护自己

在这个世界上，庸碌小人并没什么真才实学，却凭着能把咸鱼说得游水、让死人开口说话的本领，从而春风得意、前途无量。中国有句古话，叫"学做事必须先学做人"。自古以来，会做事的终究不如会做人的，四处碰壁、历尽坎坷的必定是不懂人情世故的人；飞黄腾达的则多是左右逢源的人情老手儿。

生活中，我们要学会保护自己，做人要有心智，不要一味地横冲直撞。那些小人很可能让你讨厌，但你要得罪了他，后果将不堪设想。你把小人得罪完了，你也不会有好日子过，他们会想方设法地来报复你，所以，你要学会远小人而亲君子，千万不要太直了，是小人就骂，是君子就敬。

唐玄宗时，萧曼任户部侍郎，属李林甫一派。萧曼比起李林甫还要不学无术，有一次在与中书侍郎严挺之"同行庆吊"时，竟将《礼记》中的"蒸尝伏腊"读作"蒸尝伏猎"。严挺之故意又问了一遍，萧曼仍旧读错，严挺之将此事告诉了张九龄，说朝中竟然有"伏猎侍郎"这号人物。耿直的张九龄就以此为由弹劾萧曼，将其贬为岐州（今陕西岐山）刺史。李林甫恨严挺之至极，暗中寻找机会，准备陷害他。正巧，此时蔚州（今河北蔚县）刺史王元琰获罪入狱，严挺之准备设法救他出来。李林甫见时机难得，便暗中禀告玄宗，说严挺之袒护王元琰，该一同治罪。张九龄觉得严挺之无辜，帮严说了几句好话，但玄宗这次再也不听他的了。张九龄又托裴耀卿救严挺之，此时已对张九龄、裴耀卿二相很不满意的玄宗就以私结朋党为由，将张九龄、裴耀卿二人"罢知政事"。

两个"眼中钉"去除，大快李林甫之心。他在朝堂上目送二人离去，众臣都敢怒而不敢言。唐玄宗命李林甫"代九龄为中书"。后来李林甫又找了个机会，参了张九龄一本，玄宗又贬张九龄为荆州长史。至此，李林甫独揽大权，开始了他更加阴险丑恶的行径。李林甫深知，自己若想为所欲为，必须蒙蔽住玄宗，不能让他知道自己的真面目。

可见，凡是小人当道，其背后必定有一个为他撑腰的靠山。而这个靠山必定也是一个喜欢玩弄权术、刻意制造政治陷阱、处处营造人人自危的氛围的人。而这便给了那些品质卑劣、心术不正的宵小之徒以机会，没有适合的环境，小人也同样没有用武之地。于是乎，损人利己、落井下石、诬陷告密的事情屡见不鲜。也有对自己的能力缺乏信心或者根本就是不学无术的人，唯恐乌纱帽难保，便采取用君子震小人、小人压君子的手段，直把好端端的一个环境，搅得乌烟瘴气，人人自危。他则隔岸观火，稳坐钓鱼台。

翻开中国历代的经史典籍，圣人贤者诲语谆谆，无一不是在教人如何为人处世，却很少见得到教人如何做事的。似乎也借此向世人表明，只要会做人，就不愁没有美好的前途；反之，就算做事的本领再强，到头来也只是竹篮打水一场空。

"上有所好，下必甚焉"。为官者一旦喜欢上了高高在上的感觉，自会有人处处曲意逢迎，身边也少不了吹喇叭、抬轿子的一群人。若身居上位者有此嗜好，自然就会上行下效，上下互为利用，上边利用小人作乱，打压异己，下边利用上边的权力，谋取个人利益。各有所得，皆大欢喜。自古忠臣要遇明君，方才有所作为，君子常有而小人亦常在，故此矛盾、斗争便一刻不能停息。但是，小人毕竟是小人，他也不是滴水不漏的，所以，在防范小人上，也是有很多成功的典范。

为大唐中兴立下赫赫战功的唐朝名将郭子仪，不仅在战场上战无不胜，攻无不克，而且在待人处世中，还是一个特别善于对付小人的混世高手。郭子仪与小人打交道的秘诀。就是"宁得罪君子，不得罪小人"。

"安史之乱"平定后，功高权重的郭子仪并不居功自傲，为防小人嫉妒，他反而比原来更加小心。有一次，郭子仪正在生病，有个叫卢杞的官员前来探望。此人乃历史上声名狼藉的奸诈小人，相貌奇丑，生就一副铁青脸，脸形宽短，鼻子扁平，两个鼻孔朝天，眼睛小得出奇，时人都把他看成是个活鬼。正因为如此，一般妇女看到他都不免掩口失笑。郭子仪听到门人的报告，立即让身边人避到一旁不要露面，他独自等待。卢杞走后，姬妾们又回到病榻前问郭子仪："许多官员都来探望您的病，你从来不让我们躲避。为什么此人前来就让我们都躲起来呢？"郭子仪微笑着说："你们有所不知，这个人相貌极为丑陋,而内心又十分阴险。你们看到他万一忍不住失声发笑,那么他一定会心存忌恨,如果此人将来掌权,我们的家族就要遭殃了。"郭子仪对这个官员太了解了,在与他打交道时做到小心谨慎。后来,这个卢杞当了宰相,极尽报复之能事,把所有以前得罪过他的人统统陷害掉,唯独对郭子仪比较尊重,没有动他一根毫毛。这件事充分反映了郭子仪对待小人的办法之高明。

所以,在与小人打交道时务必考虑周全,最好不要与其发生正面冲突。论实力,小人并不强大。但他们不择手段,什么下三烂的招数都可能使出来。冲突起来,纵使赢了小人,也会付出代价,惹得一身腥。俗话说"新鞋不踩臭狗屎",还是躲为上策。

"小人"随处可见,这种人常常抱成一个团儿来进行纷扰,他们的造谣生事、挑拨离间、兴风作浪很让人讨厌,所以有些人对这种人不但敬而远之,甚至还抱着仇视的态度。仇视小人固足以显出你的正义,但这并不是明智之举,反而凸显了你的正义的不切实际,因为你的"正义"公然暴露了这些小人的卑鄙无耻。

再坏的人也不愿意被人认为自己"很坏",总要披一件伪善的外衣,而你偏要以正义之手,揭开他们的面纱,却照出了不少人的原形,这不是故意和他们过不去吗?

君子不怕传言,因为他问心无愧。小人看你揭露了他的真面目,为了自保,为了掩饰,肯定会对你打击报复。也许你不怕他们的反击,也许他们也奈何不了你,但你要知道,小人之所以为小人,是因为他们始终在暗处,用的始终是不法的手段,而且不会善罢甘休。你别说你不怕他们对你的攻击,看看历史上的惨案吧,有多少忠臣被小人陷害!

因此,对付小人,还是不要跟他们一般见识的好。同时,也不要刻意揭露他们的真实面孔,还是保持距离为妙。

另外,对于那些既不要脸面又不要命的小人,还是避一避为好。小人固然厉害,但你并不是怕他,避开小人完全是因为你根本不值得把太多的精力浪费在一些毫无意义的事上。一旦把握不好自己的行为界限,得罪小人,他就会想方设法来算计你,破坏你的正事,分散你的精力,使你不能安心于工作、学习和生活。

人都是要脸面的,当面对小人的挑衅的时候,也需要灵活应对,老祖宗留下来的这句"宁得罪君子，不得罪小人"，可谓是为人处世中与小人打交道的至理名言。

然而我们最需警惕的，倒还不是小人，而是伪君子。为什么这么说呢？这是因为伪君子往往隐藏最深，他们要么沉默寡言，以胸有城府的形象出现，要么就是假装热情真诚，好像跟你是世界上最好的朋友，为了你可以两肋插刀、万死不辞。殊不知，这正是最欺骗你的地方。我们一定要保持警惕，千万别被人卖了还帮着数钱！

所以，在交朋友的时候，以下这几种人需要提高警惕，对其不可掉以轻心。

一是阴险的人

阴险的人没有明显的标志，一般情况下，短时间内不容易辨别，但随着时间的推移，终究会露出蛛丝马迹。阴险之人的表现大体有以下几个特点。

喜欢造谣生事。他们把造谣生事当成家常便饭一样，并乐此不疲。为了达到自己的目的，不惜诽谤别人，诋毁别人的名誉。

喜欢挑拨离间。他们为了达到谋取个人利益的目的，通常会使用离间法挑拨朋友之间的感情，好从中坐收渔利。

擅长拍马奉承。这种人嘴甜如蜜，善于恭维别人，拍马屁，无中生有地说别人的坏话。

具有势利眼病。他们对有权有势的人关怀备至，一旦有一天他们发现自己所依附的靠山调离此处或出现问题轰然倒塌，他们就会落井下石，迅速抛弃对方，另寻高枝儿。

二是吹牛的人

社会上有不少虚荣心强的人喜欢吹牛，妄图通过吹牛抬高自己。吹牛的人是虚伪的，因为吹牛等同于谎言，而谎言很容易被人戳穿的。如今的社会，弄虚作假是长久不了的，最终还是需要真本领。

面对吹牛的人，你如果不得不和他打交道，那就赞同他，并且表示出对他的欣赏。比如在他的朋友面前称赞他，可以当着他的面儿说，也可以当他不在时说。或者少说话，就静静听，适时地点头应声。如果并不是非要和他交往，那么就尽量少接触吧！

三是嫉妒心强的人

在生活中，那些对别人的荣耀和成功过于在乎的人，都可能会产生嫉妒心理。在嫉妒心理的驱使下，犯下滔天大罪都有可能。忠告那些嫉妒心强的人——"临渊羡鱼,不如退而结网",只有摆正心态,勇于奋斗,你才能拥有属于自己的荣誉和成功!

四是不孝的人

俗语说:"百善孝为先。"如果一个人连父母都不爱,那他对待朋友的态度也一定不会好到哪儿去。尽管现代社会人们生活的压力越来越大,市场意识越来越强,但是父母亲情总不能用金钱来衡量吧。

对那些不孝而不知廉耻的人,要记住"不孝父母,不堪为友"的说法。因为连自己父母都不孝顺的人,你别指望他会对朋友付出真情,即使对你目前不错,那也是因为有他的利益所在,迟早有一天,会让你痛悔今日之交!

所以,在为人处世中,不要轻易得罪小人,他会陷你一生于坎坷中。因此,君子要注意防"小人",以免被他们暗算。

魔力悄悄话

宁与千人好,不与一人仇。得罪一个人就等于为自己埋下了一颗地雷。尤其是"小人",一旦得罪他,就会让人防不胜防。

别为自己的错误找借口

"怨天"是埋怨命运不公、时运不济，埋怨老天不给自己机会；"尤人"是把错误归咎于别人。怨天尤人的人实质上是心灵脆弱，承受力极差，总在为自己的错误找借口，以求得心理的一丝宽慰，这样的人是成不了大事的。

人们在遇到挫折的时候，似乎已经习惯性地抱怨上天对他不公。很少有人会想到，与其在旁边抱怨，不如想想该如何摆脱这样的困境。我们要学会接受失去的事实，要学会感恩，感恩上天并没有让你失去一切。不必过于在意人生是得还是失，总是得让自己的生活充满光彩，而不是在为过去掉泪。

"上帝是公平的，给谁的也不多，给谁的也不会少。"哲人们让我们明白，我们应得的那份"失落"。

"天有不测风云，人有旦夕祸福。"我们生活在一个多元化的世界里，我们也应该有多元化的生活。这也需要我们既要追求"完整"，也要接受"残缺"，因为残缺并不意味着陨落，这只是一时的遮掩，也许过后，我们就会拥有花落之后的累累果实。

霍金就是这样的典型例子。21岁的他，患了绝症。这是他未来人生道路上遭受的最大打击。但他没有对生活抱怨，继续走他的路，他接受了命运，并向恶劣的命运发出挑战。过了多少年，他还坚强不屈地活着，以他的意志征服了科学界，取得了辉煌的成就。

霍金的事迹在人间流传着，他的不屈的精神是我们心中的典范，是我们人生的鞭策者，是一盏明灯，引导我们前进！他的灵感永垂不朽，在人们心中活着。

有一人，在他21岁时，做生意失败；22岁时，角逐美国州议员落选；24岁时，做生意再度失败；26岁，他的情人离开人间；27岁，一度精神崩溃；34岁时，角逐美国联邦众议员再度落选；47岁时，角逐美国联帮参议员落选；47

岁时,提名副总统落选;49岁时,角逐美国联邦参议员再度落选。然而,就是这样一个屡战屡败的人,在他52岁时,当选美国第十六任总统!这个人就是林肯。

他并没有抱怨自己的命运,而是勇敢地接受它,并且挑战它。成功者需要坚韧的毅力和接受挫折的非凡的勇气。一个人经历一些挫折并不是坏事情。在我们人生道路上,有坦途,也有坎坷;有鲜花,也有荆棘。在你伸手摘取美丽的鲜花时,荆棘同时也会刺伤你的手。如果因为怕痛,就不愿伸手,那么对于这种人来说,再美丽的鲜花也是可望而不可即的。

不要抱怨生活对你的不公,抱怨是挡在你前进路上的巨石,抱怨是你思想的牢笼。也许当你抱怨时,机会已从你身边悄悄溜走。一切都不值得你去抱怨,一切都是你成功的阶梯。

也不要抱怨生活给予你的磨难太多,更不要抱怨生命中有太多的曲折。大海如果失去了巨浪的翻滚,就会失去雄浑;沙漠如果失去了飞沙的狂舞,就会失去壮观;人生如果只为求得两点一线似的一帆风顺,生命就失去了应有的魅力。

微笑着面对生活的每一天,把每一次的失败都看成是一种尝试,不必自卑;把每一次的成功都想象成一种幸运,不要骄傲。就这样,微笑着弹奏人生的弦乐,直面挫折,走出忧伤,品味孤独,接受成功。

要想日后前程似锦,就要相信自己,明白是自己掌握着自己的命运,不关别人的事,更无关老天的青睐与否,所以没有理由抱怨。只要相信自己,任何事情往好的方面想,一定可以不断地帮自己开天辟地。所以,在生活中我们要杜绝一切抱怨,要学会接受它们,这样我们才会成功。

魔力悄悄话

减少不满,才能不再有抱怨,这是一个尽人皆知的道理,然而在现实生活中,由于人们内心的狭隘和自私,却很难做到这一点。

保持回旋应变的能力

大家都知道，如果把弓拉得太圆太满，就会折，这也可以说是"盛极则衰"吧。做人做事也是这样，如果在做人做事的时候，到了完全没有回转余地的地步，等于不给自己留有余地，不但自撤下台阶梯，万一预测或建议错误，就白白地把自己悬在半空中，不上不下，不知如何是好。

因此，凡是话说得太满的人，一定表现出极端性格。凡是极端性格的人，基本上不愿妥协，于是失掉了灵活变通的机会。

世事如棋局局新，局面是会瞬息万变的，不把这种情况预计在自己的做人做事的过程中，很多时候就会令自己尴尬，同样也会令对手为难，不可不防。所以，在做人做事的过程中，切忌把弓拉得太圆太满。

换言之，就是在待人处世中，万不可把事情做绝，要时时处处为自己留下可供回旋的余地，就像行车走马一样，你一下子走到山穷水尽的地方，调头就不容易了。俗话说："过头饭不吃，过头话不说"，就是这个道理。在办任何事的时候，多使一点"太极推手"的功夫，永远保持一些能够回旋应变的能力。

人生的不快常常是毫厘之得失，半步之短长。世上每个人都有各自的生存原则和实际情况，用不着看中别人的议论和评价，也别去干预别人。时刻保持一颗容人之心，凡事给人留有余地。万事不饶人，怨恨别人，不原谅别人，只会使自己更难过，不会给别人带来不良的影响，只有加重自己的负担，使自己不快而已。因此我们就要宽容待人，给自己一点余地，给别人一个台阶，凡事做得太尽，则缘势必早尽。要学会换位思考，多想想自己的不足。知足知不足，有为有弗为。做事明辨是非，留有余地的人，才是一个明智的人。

为自己、为对方都要留有余地，即使最强势的咄咄逼人风格的谈判高手，也会适当留有给自己或对方回旋的余地。万一把自己弄得下不了台，这种尴尬会在谈判双方的心理上导致微妙的变化，甚至影响谈判的胜负。除非确信把对方逼到死角对自己有利，自己才能够完全控制对方挣扎的局面，否则一定要留有余地。

每个人都说做事留有余地，但往往却不知这余地有没有限制，如果只是为了算计着明日的成就而留有余地的话，那么这样的余地不留也罢。因为这根本就是一些人在为自己鼓涨腰包儿，而留有余地的话只是一种表现罢了。而我们平时所看到最多的恰恰是这样的一种人最多。

曾有一个人去应聘一家大型企业的城市营销主管，双方谈得很投机，并没有局限在特定的岗位上。由于多种原因，这个人未能获得这个岗位。双方在表示遗憾的时候，也表达了有机会再合作的意愿。一段时间之后。这家企业打电话询问这个人是否愿意出任企业的北方市场主管。

从某种意义上来讲，这就是留有余地的好处。

一枚硬币的两个面是不相同的，同样，在这个世界上，没有什么事情是完全绝对的，任何事物都有两个相对的方面。换句话来说，也就是我们做人不要太绝对，无论是对自己还是对别人，都要留下些可回旋的余地。

在我国的三国时期，诸葛亮曾经七次生擒孟获，前六次都把他放回去了。有人会说，他很傻，抓一个人费了那么多的时间和精力。最后却"放虎归山"！其实，如果我们换个角度来看，就不然了，诸葛亮这样做，不仅给自己留下了余地，也给孟获留下了一条退路，深谙用人之道的诸葛亮知道，想要一个人为国家心甘心愿地效力，就要让他心悦诚服地降伏。果然，在第七次擒住了孟获后，他终于甘心归降认输，诸葛亮此举也成了一段传世佳话。

从某种意义上来讲，留有余地是一种积极的心态。佛家说："心善如水。"刘墉曾在他的书中写道："人们往往惊异于太阳的热力，而脚下的大地却有着更令人惊奇的热量。天没暖，大地先暖，所以很多花才会破冰绽放；人情不暖，内心先暖，所以我们能够在尘世做一股清流。"一个心地善良的人往往能替别人考虑许多，因此也时常为他人留有余地，也许他会因为这样而失去些名利或财物，但与此同时，他却获得了对方的感恩，这是比金钱更珍贵的东西。

留有余地虽然只是一个小细节，但是却能决定成败。汪中求在《细节的魅力》中写道："一心渴求伟大，伟大却了无踪迹，而甘于平淡，认真地做好每个细节，伟大却不期而至。这就是细节的魅力，是水到渠成后的惊喜！"

做人做事切忌不可把弓拉得太满，给自己和别人留有一丝余地，才能让自己在生活中进退自如……

留有余地，换句话来说，就是不要用尽。清人《两般秋雨庵随笔》卷五记了个"四不尽"，即"功不可立尽，官不可做尽，恩不可市尽，寇不可杀尽"。意思是说，功要立尽了，就会功高盖主，皇帝和功臣都会很不安，碰上老实的郭子仪还好，要遇到狼子野心的司马懿，那就免不了一场腥风血雨。而官至极品，一人之下，万人之上，看似荣耀盖世，其实危机四伏，君臣猜忌，必有一番死斗。高到无官可封的年羹尧，没想到后来一天被降十八级，最后还是被赐死。寇不可杀尽，则有两层意思，一是穷寇勿追，逼得他走投无路，会和你拼命；二是"兔死狗烹"，敌寇杀完了，将军谋士们也就死期不远了。这些个"不尽"，固然都有道理，也有效果，同样也是些明哲保身的意味。

另外，与人交流的时候，也要注意留点余地。

例如，在交谈中，有些地方需要赞美对方时，应措辞得当，注意分寸，赞美的目的在于使对方感觉到你真的对他（她）的钦佩，用空洞不切实际的溢美之词，反而会让对方有你缺乏诚意的感觉。如一名公关人员热情友好地接待了一位客人之后，得到了"你的接待真令人愉快，你的热情给我留下了深刻印象"的评价，显然比"你是一位全世界最热情的人"的赞誉会入耳得多。所以，即使是人们普遍乐意听的称赞也要适度，过分地讨好、谄媚则会适得其反。尤其是对于自己的上级领导，在社交场合更不宜毕恭毕敬地说些奉承话。对晚辈或地位比较低的人，说话时也不能用轻视、冷淡的口吻。

想要使谈话很好地继续下去，可适度地选用一些幽默风趣的语言，或讲一些笑话。幽默的语言，既有趣可笑，又寓意深长，如能在谈话中适当加以运用，不仅能够活跃气氛，而且能够启人心智，吸引听众，达到与人更好地交流和沟通的目的。但凡事都要有个限度，使用幽默语言，讲笑话也要因人而异，要分时间、地点、场合，要有分寸。比如有的人喜欢嘲笑他人的生理缺陷和短处，其实，这不但不能把自己的风趣和幽默表现出来，反而说明了自己的轻薄与无聊。要知道，优雅的举止风度是以友善和为他人着想这两项原则为基础。这种揭短的"幽默"伤人太深，不但不道德，于己也未必有益。所以一定要注意把握好分寸，说话办事要留有余地。

另外，在我们平时的生活中，我们很难做到不求人，也很难不被人求，所以无论求别人办事，或是答应为别人办事，还是拒绝他人，都要注意把话说得留有余地。此外，表扬人，批评人，调解事端，解决冲突，应付尴尬局面，调息不满情绪，乃至布置任务，汇报工作等，都应当留有余地。只有留有余地，才能自如地进退。

魔力悄悄话

乘人之危、落井下石必定是内心卑鄙、阴险小人做的事，君子则不因他人得意而谄媚，也不因他人失意而轻慢。万事万物都要有个度，所谓"物极必反"。

第五章
感恩让我们变得强大

在困难环境中,彼此相依为命,共渡难关。情谊深厚,可能终生难忘,友情将更为牢固。比如,当年不少知识青年从城里到乡下插队,几年中大家一个锅里吃,一个炕上睡,哪一个人受了欺负,大家一起为他鸣不平,如此心心相印的共同言行,必然转化为深厚的感情,铭刻在各自的记忆中,就算是以后各奔东西了,不能相见了,这段友情也会一直留在他们脑海中。

社会是复杂的。我们总会遇到一些不平之事,不公之人,又不能不去表达我们的不满;对自己亲近的人,有时候也需要巧加指责,让对方明白。

懂得感恩使你的人生走得更远

成功学家安东尼·罗宾曾说过：成功的开始就是先存有一颗感激之心，时时对现状心存感激，同时也要对别人为你所做的一切满怀敬意和感激之情。假如你接受了别人的恩惠，不管是礼物、忠告还是其他任何形式的帮忙，你若够聪明的话，就应该抽出时间，向对方表达你的谢意。"领袖的责任之一便是对别人说谢谢。"那些当选的领导人，总是要拿出一些时间去答谢曾经支持和帮助他们的人和组织。如果不这样做，他就不可能继续得到更多的支持。因为，过河拆桥的人是走不远的。

感恩能为我们提供动力，它是一种积极的心态，同时也是一种向上的力量。当我们以一颗感恩的心去面对生活的时候，会感到更加的愉快、幸福。善意地向别人表达自己的感谢，就会把感恩种在自己和他人的心中，这要比其他任何的物质回馈都要宝贵。这样，在自己下一次需要帮助的时候，别人才会及时地伸出援助之手，帮助你走出困境，看到生活的希望。

他是一家运输公司里一名普通的修理工，妻子是办公室的文秘。能写能画的他也是单位的一个能人，但谁也不会想到，后半生他要靠擦鞋为生，沉浸在欢乐与幸福中的他更是想不到会这样。

结婚不久之后，女儿诞生了。然而，这幸福的生活很快便结束了。在女儿9个月大的时候，妻子突然患暴发性肝炎去世，从此，他既当爸又当妈，含辛茹苦地抚养女儿成长。由于要照料女儿，他经常上班迟到、早退。那天他来到工厂办公室，第一眼看到的便是那个让他顿时感到天崩地裂的消息——因长期迟到、早退及旷工，他被单位开除。

女儿嗷嗷待哺，自己却失去了生活来源，这对他来讲不能不说是一个巨大的打击。第二天一大早，他便跟着邻居背起蛋卷机四处为人做蛋卷。但是，冬天一过，吃蛋卷的人逐渐变少，他又改行摆地摊、卖快餐，但都因种种原因亏损。在他一筹莫展时，看见了农村进城的妇女在街上为人擦鞋。于是，他买来鞋油、刷子，试着当起擦鞋匠。

因为有的时候顾客很少，靠擦鞋也挣不了几个钱，于是，他白天给人擦皮鞋，晚上帮人画画、写信，顺便帮人卸货。虽然过得非常艰辛，但是看到女儿的笑脸之后，所有的疲倦都被一扫而空。

一天半夜，卸完货回来之后，他便听见了女儿的哭声，赶忙进屋，他一眼看到了女儿满是水疱的手。女儿半夜醒来，踢翻了火炉上的水壶，滚烫的开水烫伤了女儿。看着女儿手上的水疱。很长时间以来的委屈和心痛涌上心来，他一把抱住女儿放声痛哭。

但是，生活的磨难并没有打垮他，一件在很多人看来是灰色的事情，却让他看到了生活的希望。从此，他的心中便有了感恩的种子，并且在后来的时间里一直伴随着他。

女儿两岁多时，突然严重咳嗽、发烧，吃了不少药，但是病情却在一天天加重。一星期后，当他放工回家后，发现女儿已经昏迷过去，一张小脸煞白，呼吸非常微弱。"还不快去医院，孩子肯定没救了！"邻居关心地提醒他。他抱着女儿一路小跑到医院，摸遍每个口袋也没掏出一分钱。"那一刻，想死的心都有。"不能眼睁睁看着女儿死啊！他"咚"地一声给医生跪下，哀求道："求求你们救救我女儿！"不知跪了多久，说了多少好话，有人通知涕泗横流的他把女儿抱去住院部——医生被他感动了，同意免费收治。"女儿终于有救了，世上还是好心人多！"自那时起，他的心里埋下了感恩的种子。女儿住院一个月，他每天早早起床，拖地、擦桌子，在医护人员上班之前，把整幢楼的清洁做完。他说，自己除了一身力气，无以为报，只有以此表达自己的感恩之心，他坚信只要自己有颗感恩的心，生活就一定有希望。

他是这样想的。也是这样做的。在女儿病好后，他抱着女儿给每个医生、护士道谢，教育女儿一定要记住这些叔叔、阿姨，是他们救了她的命。也是从那时起，女儿有了当医生治病救人的理想。

后来，女儿慢慢地在长大，食量在不断增加，而且经常吵着要吃肉，但是他哪里有钱给女儿买肉啊。于是，附近的一家火锅店便把客人没有吃完的菜给他们父女俩。虽然，都是别人剩下的食物，但是他依然是带着女儿连声地感谢。

"懂得感恩，就能看到生活的希望"，他对此坚信不疑。在客人擦完鞋付钱之后，他总会让女儿说"谢谢"，他说正是因为这些人的光顾，所以他们才有了下一顿饭钱。在教给女儿写字画画的时候，仍然离不开祝顾客开心之类的祝福语,后来他便给自己制作了一个广告牌,广告牌上写着相应的感谢语:"尊敬的先生、女士,首先祝您情人节快乐! 节日期间擦鞋者,情侣一律五折!"一对情侣路过时便被一张特殊的广告牌吸引。广告牌是废纸板做成。用彩色水笔书写着艺术体的广告语,旁边,还用红色水笔画着玫瑰。"这擦鞋的还挺有心!"女孩半信半疑地坐下,皮鞋擦完,给出一元钱,果真找回 5 角。除了情人节,"三八"妇女节、元旦、国庆等重大节日便会对相应的人群提供优惠服务,擦鞋也享受五折。

后来,他所在的社区改革,贫困户得到重视,每逢过年都会有很多人来慰问,后来又有了低保。他也经常在社区做着自己力所能及的事情。在他的教导下,女儿也和他一样做事谨慎,常怀感恩之心。

拥有感恩的心,你才会得到更多的帮助。懂得感恩的人,他们会相信,自己心存感恩,时刻帮助他人,在必要的时候,同样也会有人来帮助自己。如果没有感恩的心,没有一颗帮助他人的心,你同样也不会换来他人的帮助。

当你懂得感恩的时候,你会发现,这个世界处处存在着希望,到处都有温暖和帮助。懂得感恩的人,别人会在你最需要帮助的时候,伸出援助之手。怀有一颗感恩的心,能帮助你在逆境中寻求希望,在悲观中寻求快乐。

你播种的是善良,收获的也将会是善良,有感恩的心,你也会得到他人的尊敬和信任。只有懂得感恩的人,才会在未来的学习和生活中不断地得到他人的帮助和资助,让自己顺利渡过每一个难关,帮助自己实现心中的理想。

魔力悄悄话

感恩是一种处世哲学,也是生活中的大智慧。一个智慧的人,不应该为自己没有的斤斤计较,也不应该一味索取和使自己的私欲膨胀。学会感恩,为自己已有的而感恩,感谢生活给你的赠予。这样你就会有一个积极的人生观,保持健康的心态。

回报父母要尽早

你给父母买的第一件礼物是什么？你多长时间和家人通一次电话？节假日，你通常选择出外游玩，还是回家陪伴父母？你愿意牺牲工作时间照顾生病的父母吗？也许你有很多借口，最常用的借口就是——忙，没时间。

不知大家还记不记得央视曾经播出过这样一则公益广告，一个大眼睛的小男孩吃力地端着一盆洗脚水，荡得水花四溅，放在他妈妈的面前，稚嫩地说："妈妈，洗脚。"许多人看了以后眼睛都湿了。这正是中国优秀的传统文化所要向世人推崇和弘扬的，那是一种以孝为先的孝道，延续数千年仍然亘古不变。

在中国五千年的文明史里，"孝"早已成为中国人衡量某个人的品德和修养的标准。中国古语说："百善孝为先，孝子人人敬。"中国的传统文化历来把儿女对父母的恩情视为比天高、比海深的事，忘恩负义，天理不容！

是父母给了我们生命，养育我们长大成人。虽然父母不一定能给予我们金钱、地位、名誉、豪宅，或者是美丽的容颜，但他们给了我们这个世界上谁也无法替代的最重要的东西——生命！

大学毕业后，走出家门，步入社会，忙着找工作，忙着谈恋爱；工作几年之后，忙着挣钱、忙着升迁、忙着为自己的前途打拼；结婚生子之后，又忙着照顾、培养孩子。我们一直忙着，让自己活得更加精彩，却忘了是谁把我们带到这个世界，又是谁辛辛苦苦地把我们养育成人。

父爱如山一般崇高，母爱如海一般博大，父母之爱是世间最伟大、最无私的。从牙牙学语到蹒跚学步，父母付出的心血难以计算。当我们第一次跌倒时，是父母把我们扶起；当我们第一次流泪时，是父母把我们的眼泪擦干。肚子饿了，父母会给我们做最爱吃的饭菜；天冷了，父母会嘱咐我们添加衣服；生病了，父母比我们还要着急。到了孩子成家的年龄，不富裕的父母甚至可以倾其所有为儿女买房、买车，成全他们的婚事。在灾难中，父母甚至会牺牲自己的生命来挽救孩子的生命。

汶川地震发生后。救援人员在废墟中发现一位年轻的妈妈双膝跪地，弯曲身体，双手着地成匍匐姿势，她的身体被压得变形，已经死去。她怀里抱着一个被小被子裹着的宝宝，约三四个月大。宝宝还活着，安静地睡着了。当医生准备给宝宝做身体检查时，发现被子里有一部手机，屏幕上是一条妈妈留给宝宝的短信："亲爱的宝贝，如果你能活着，一定要记住我爱你。"这条短信感动了很多人。

"乌鸦反哺，羔羊跪乳"，连动物都懂得孝敬父母，更何况是作为万物之灵的人类呢？很多人在父母生前没有尽孝心，并不是因为他们不爱父母，而是他们没有意识到父母有一天会离开自己。大多数年轻人从来没想过，也从来不敢想，如果父母不在了怎么办？尤其有一些子女，只知道向父母索取，如果父母不能满足他们的要求，动辄对父母恶言相向。他们认为父母对他们付出再多都是理所当然的，肆意挥霍父母的心血，却丝毫不懂得感恩，更不用说回报了。总是在他们的父母去世之后，他们才开始后悔自己没有好好尽一点孝心，才想起父母的种种好处，甚至开始怀念父母的唠叨。

在一篇《也许，我们一生都不理解母亲》的文章中，作者写道：

在母亲的遗物中，我们发现了她的病历。病历上显示，母亲患早老性痴呆症已经两年时间了。天哪！我们的母亲！这一下，好像母亲在世时所有令人匪夷所思的行为都有了答案。她竟然用她生命中仅有的毅力，与病魔抗争，她为了不拖累我们，竟对我们隐瞒了她的病情这么久。而处在这种折磨状态下的母亲，竟然也不向儿女们要求一点点关爱。为了不使我们厌烦，她竟然以蹲厕所的方式抑制她面对我们时控制不住的唠叨。

我们口口声声地说爱我们的父母，可我们真正理解过母亲吗？当母亲希望把她内心深藏的东西向我们倾诉的时候，我们都在干什么？如果我们最初像热心的邻居张叔、张姨那样与她耐心沟通，她可能会避免病魔的侵袭。而我们却让母亲带着儿女对她的不理解孤独地离开了人世。

这样深深的自责曾经发生在许许多多人的身上，是我们年迈的病入膏肓的父母，以自己的生命给我们上了最后一堂人生的亲情课。

很多年轻人在外打拼，每年只回家一两次。回家的时候，也只顾着和朋友、同学聚会，却没有抽出多少时间陪陪父母。如果父母可以再活二十年，那么与父母相聚的时间只有三十来次；如果父母可以再活十年，那么和父母相聚的时间只有十几次。你甚至不知道哪一次相聚是最后一次。

工作之余，请抽出几分钟时间陪陪父母吧，不要给自己的人生留下遗憾。《论语》里有一句话"父母在，不远游，游必有方"，现在人们的理想和抱负，都是想去大城市闯出一片天地。可是在你远走高飞的时候，请别忘了含辛茹苦把你养大的父母。出门在外的时候，要记得经常给父母打个电话，问一声好；在阳光灿烂的日子，请你陪父母去散散心，握着他们的手，慢慢地陪着他们走……

"树欲静而风不止，子欲养而亲不待"。很多人都是在父母过世之后发出如此感叹，却不能在父母在世的时候明白这个简单的道理。如果父母健在，我们应该感谢上苍给我们一个报答父母恩情的机会，并从现在开始送上对父母的关爱。

魔力悄悄话

尽管我们已为人父，已为人母，但我们的父母依然会清晰地记起我们脸上绽放的第一次微笑，记起我们蹒跚走出的第一步，记起我们喊出的第一个字，记起我们人生路上的点点滴滴。面对父母无私的爱，作为儿女的我们，又有什么理由不对父母感恩戴德呢？

让爱情见证人生的点点滴滴

结婚不到三年的菱子离婚了,其实他们两人并没有什么大的冲突,只是一些日常琐碎的小吵小闹,日积月累,竟成了不可调和的矛盾,争强好胜、谁也不肯让步的结果是劳燕分飞,分道扬镳。此时,菱子才如梦初醒:"婚姻就像打理生意,是需要双方去精心经营的。"

世间确实存在因为一见钟情而走入婚姻的殿堂,并且过得很幸福、很美满的人,但那只是少数,况且那样的幸福日子,也是通过主人公用心经营才得来的。柏杨说过:"爱情是不按逻辑发展的,所以必须时时注意它的变化。爱情更不是永恒的,所以必须不断地追求。"鲁迅先生也说过:"爱情必须时时更新,生长,创造。"

生活很实在,许多日久生情建立起的爱情,从最初的互相妥协、包容到后来一起经历的平淡和琐碎,种种悲欢离合累积了岁月,也加固了两个人之间的情感。这样的爱情,既不乏牢固的基础,又彼此熟悉、彼此依赖,成为各自生活生命中的一部分,难以割舍,不离不弃。

曾在一篇文章里看到过这样一段话:

一次,在某电台的采访节目里,一位家庭幸福美满的女作家与听众互通热线。女作家问:"你们觉得男人和女人最重要的品质是什么?"听众说了一大堆:善良、聪明、漂亮、体贴、财富等。女作家全部否定:"不,你们说的都是次要的,最重要的是,人要有一颗感恩的心。"

所谓感恩,就是记得别人的好,给予加倍回报。这说起来简单,做起来难,而能做到的人更是少之又少。

我亲身经历过这样一件事:在一次聚会上,一位朋友当着众人的面夸起了妻子。他说妻子把家里的家务活全揽了；每天变着花样给他做饭；孝敬公婆；还专门学了一套按摩手法，在他累了时给他按摩……夸妻子的时候他的眼眶竟湿润了。

我听后很感动，后来，我把这件事情讲给身边的朋友听，很多人的第一反应是：他是不是每一分钱都上交？我觉得奇怪，这个感人的故事和上交钱有什么关系。可事实确实如此，这个男人不管家庭财政。朋友们说：那就难怪了，这是女人该为男人做的嘛，男人养家嘛！我很想告诉他们那个男人的收入其实不如老婆高，可是我忍了忍，终究没有说。我想，即使我说了，他们也会不以为然：那一定是他老婆不够漂亮怕被甩，或这男人一定很帅很会讨女人欢心。很少有人从这个故事里听到另外的声音。

不知从何时起，爱情和婚姻被模式化了。养家糊口就该是男人的事，在累死累活、人事倾轧中浮沉。胜者，养活一大家子，这是责任；败者，就该跑了老婆、丢了孩子，不会有人怜惜。女人就该照顾家，把家收拾得干干净净，将丈夫、孩子、公公、婆婆伺候到位。女人享受男人的物质，男人享受女人的体贴照顾，即使得到很多，仍觉得对方为自己做得不够，更不会感恩于对方，一颗沉浸在爱里的心逐渐变得麻木、迟钝，甚至牢骚满腹。

那位外表粗糙的男人，有一颗细腻感性的心灵，他能体会到妻子对他无微不至的爱，我也相信他的妻子能为他付出一切，因为他肯定也同样为她付出了全部。爱从来都是相互的，可是他却绝口不提自己的好，只夸耀自己的妻子。他记得她点点滴滴的好，觉得自己怎么报答也不够。

没有谁注定欠了你，要照顾你、哄你、爱你一辈子，所以我们要学会感恩地爱，默默地回报，就像溪流的两岸，彼此牵手相依偎，爱情才会细水长流。

魔力悄悄话

人生就是一个不断的结缘、惜缘、续缘的过程。也许是上辈子五百次的回头，才能求得今生的一次聚首。我们有什么理由不珍惜这难得的缘分，又怎能不好好地续下去呢？

友情弥足珍贵

　　人一天天地长大之后,总觉得过去的朋友和自己的距离越来越远了。不知为何,即使是和自己一起长大的朋友都会觉得有这样的感觉。

　　朋友间的情谊有时如一杯清茶,淡淡的、涩涩的,却清香飘逸;有时又如一杯醇厚的酒,在岁月中越存越浓。朋友间的爱简单淳朴,却是来自心灵的最真实美丽的情谊。我们没有理由不珍惜朋友的友情。

　　一个哑女来到便利店,想让店主帮忙打公用电话,店主说:"好吧,你写我说。"于是她开始在纸上写她要说的话,店主则开始拨号。

　　接电话的是一个男人,也是帮着接电话的,因为他那边也是个哑女。于是,他们充当起传话筒。这头说,她怀念一起去吃酸辣粉的时光,那头说,她帮她织了一副手套,要寄过来;这头说,自己要过些日子才能回去,请她帮忙照看小弟,那头说,收到了寄来的特产,非常好吃……

　　电话通了近10分钟,因为一边说一边写很费时,所以也没有说太多内容。但是电话这头的女孩却是满脸的幸福和喜悦。

　　打完电话,女孩脸上现出快乐的笑容。她写给店主说,电话那头是她最好的朋友,她们约好每个月3号的这个时间通电话,一直坚持了好多年。

　　看到这里,我们是不是应该为她们的默契而感动?

　　作为正常人,我们随时可以开口说话,可以打电话,也可以写信、发 E-mail,可以通过 QQ 或 MSN 聊天……想要联络朋友真的很方便,但是我们通讯录上可联系的电话却越来越少。女孩虽不能开口说话,却仍然坚持通过别人的传话将自己的心意传递给对方:朋友,我在惦念着你。

　　所以,友情同样需要用心去经营。寻觅朋友是一难,维系友情就是二难。友谊有如一个陶杯,在每天茶水的调养下,它日益润泽,但许多时候我们常不自觉地把它放在一旁,以致它黯然失色。然而,只要友情真挚,一旦

再把它擦亮，它就仍会像新的一样。由于友情的滋生自然平淡，也因此常常使人忘了应该细细珍藏，常在朋友杳无音信之后，才急急回首检视过往，才讶异到岁月的无情。因此在深夜的时刻，那些我们记忆中的脸庞、熟悉的笑声，便更加显得情深谊厚。

拥有朋友的日子是快乐的，我们应当对朋友的信任、宽容、善待心怀感激，学会感恩朋友，学会宽容朋友。把朋友的坏，遗忘在岁月里；对朋友的好，铭记在心里。

有两个朋友在沙漠中旅行。在旅途中某点，他们吵架了，其中一个还给了另外一个一记耳光。被打的觉得受辱，一言不语，在沙子上写下："今天我的好朋友打了我一巴掌。"

他们继续往前走，直到到了沃野，他们就决定停下。被打巴掌的那位差点淹死，幸好被朋友救起来了。被救起后，他拿了一把小刀在石头上刻下了："今天我的朋友救了我一命。"一旁的朋友好奇地问："为什么我打了你以后，你要写在沙子上，而现在要刻在石头上呢？"他笑笑回答说："当你被一个朋友伤害时，要写在容易忘记的地方，风会负责抹去它；相反地，如果被别人帮助了，我们要把它刻在心里的深处，在任何时候都不能抹去它。"

朋友的相处，伤害往往是无心的，帮助都是真心的。忘记那些无心的伤害，铭记那些对你的帮助，你会发现，你有很多真心的朋友。

"朋友一生一起走，那些日子不再有……"周华健的《朋友》这首歌曲也许最能代表许多人的心声！朋友也许只是我们生命中的一部分，但他带给我们的将是永恒！他们的情谊会让我们在以后的生活中发现真情的目光，学会感恩……

魔力悄悄话

友谊是需要滋养的，需要时间来滋养。只要用真诚、信任去经营它，就会有真正的友谊存在。

做一个真正的职场情绪"环保者"

快乐源于一颗感恩的心。我们有时会感叹工作的平淡无味,有时会心烦工作的琐碎繁重,有时会气馁于工作上的某种失败,但只要我们时常怀有感恩的心态,便能从腐朽中发现神奇,从平凡中寻到精彩,从失败中吸取教训;只要我们用一种感恩的眼光去看待工作,就会发现公司给我们提供了启迪智慧的场所,历练能力和发展的机遇。我们由此获得的便是快乐,我们便能积极地去营造自己的工作,在快乐中工作,在工作中享受成功,做一个真正的职场情绪"环保者"。

但是,如果你坚持把自己想成是全世界最悲惨的人,你就是办公室里的"窦娥"的话,那么你就会总有冤屈、不满、愤懑在心里。久而久之,你自己可能都有一种错觉,你就是全天下最悲惨的人。为什么不想象着自己是个幸运的人?学会感恩和珍惜,这样你看上去才能有好的气色,你的脸上才会充满由心里所生发出来的知足和快乐。会感恩的员工,才是积极乐观、主动进取、敬业爱岗的人。

杰克是美国一家麦当劳的员工,每天的工作就是不停地做很多相同的汉堡,没有什么新意,但是他仍然非常快乐,从来都是用满怀善意的微笑来面对他的顾客,几年来一直如此。他的这种真挚的快乐,感染了很多人。有人不禁问他,为什么对这样一种毫无变化的工作感到快乐?究竟什么让他充满热情?

杰克回答道:"我每做出一个汉堡,就知道一定会有人因为它的美味而感到快乐,那我也就感到了我的作品带来的成功,这是多么美好的事情。我每天都会感谢上天给我这么好的一份工作。"

由于杰克的快乐心情,这家店的生意越来越好,名气也越来越大,最后终于传到了麦当劳公司总管的耳朵里,于是,杰克得到了总公司的一个重要职位。

"成功学之父"卡耐基把热情称为"内心的神"。他认为:"一个人成功的因素很多,而属于这些因素之首的就是热情。没有它,不论你有什么能力,都发挥不了。"

即使你的处境再不如人意,也不应该厌恶自己的工作,世界上再也找不出比这更糟糕的事情了。如果环境迫使你不得不做一些令人乏味的工作,你应该想方设法使之充满乐趣。用这种积极的态度投入工作,无论做什么,都很容易取得良好的效果。

即便是才华横溢,但对工作没有热情,只是停留在表面上的雇佣关系,做一天和尚撞一天钟,就不会有升迁的机会。自己郁郁寡欢,享受不到工作所带来的乐趣,也许永远只能做一个机械工作的人,甚至什么都做不了。

奎尔是一家汽车修理厂的修理工,从进厂的第一天起,他就开始生气:修理这活儿太脏了,瞧瞧我身上弄的,而且没有高额的薪水。每天他都是在不满的情绪中度过,认为自己在像奴隶一样卖苦力。他每时每刻都窥视着师傅的眼神与行动,稍有空隙,他便伺机偷懒耍赖,并且总是期待下班的时间。

转眼几年过去了,一同进厂的几个工友,各自凭借精湛的手艺,或另谋高就,或被公司送进大学进修,独有他自己,仍旧在做着讨厌的修理工作,仍旧沉浸在无法升迁的痛苦之中,碌碌无为地应付每一天。原来,不快乐的最大受害者,就是自己。

当一个人能够心怀感恩,把全身心彻底融入工作之中,当积极和热情成为一种习惯时,便拥有了回报——快乐情绪能够带来业绩,个人的职业生涯就会变得更为圆满,事业也更有成就。这样更可感受到双重的循环乐趣:工作不再仅仅是一种职业,更成了一种享受。

"用感恩的心对待工作",这不是一句漂亮话,而是真情的迸发。岗位为你展示了广阔的发展空间,工作为你提供了施展才华的平台,为我们的聪明才智找到萌芽的土壤。公司提供了工作的位置,让我们得到训练,从而掌握新知识,学习新本领,在工作中获得珍贵的经验,从而逐步实现我们人生的最高理想和最终目标。

我们应该学会感恩,感谢老板给我们提供工作机会,感谢老板给我们施展才能的舞台,甚至感谢老板让我们有了"生存的能力"。在感恩之心的驱

使下,才能成为新时代的优秀员工,不计条件地完成老板或领导交代的任务。

用感恩的心对待工作,就会对公司忠心耿耿,对工作积极负责;就会热情奔放,激情洋溢,满腔赤诚地对待公司;就会主动工作,少找理由,多出成果,千方百计、不折不扣地完成公司下达的各项目标任务。每个人在工作中都会遭遇困难,关键要凭借感恩的心态去克服。

用感恩的心对待工作,就不会为名所诱,为利所惑,应该多想想什么事能做,什么事不能做,任何时候都决不做损害公司利益的事。

魔力悄悄话

没有热忱,军队就不能打胜仗,雕塑就不会栩栩如生,音乐就不会如此动人,人类就没有驾驭自然的力量,给人们留下深刻印象的雄伟建筑就不会拔地而起,诗歌就不能打动人的心灵,这个世界上也就不会有慷慨无私的爱。所以要以自己的热情努力工作,回报公司。

感谢那些曾经的苦难

"不经巨大的困难,不会有伟大的事业。"法国作家伏尔泰说。人们在生活中都希望能够多一些快乐,少一些痛苦,多些顺利少些挫折,可是命运却似乎总爱捉弄人、折磨人,总是给人以更多的失落、痛苦和挫折。

记得以前曾读过这样一则故事:

草地上有一个蛹,被一个小孩发现并带回了家。过了几天,蛹上出现了一道小裂缝,里面的蝴蝶挣扎了好长时间,身子似乎被卡住了,一直出不来。天真的孩子看到蛹中的蝴蝶痛苦挣扎的样子十分不忍。于是,他便拿起剪刀把蛹壳剪开,帮助蝴蝶脱蛹出来。然而,由于这只蝴蝶没有经过破蛹前必须经过的痛苦挣扎,以致出壳后身躯臃肿,翅膀干瘪,根本飞不起来,不久就死了。

自然,这只蝴蝶的欢乐也就随着它的死亡而永远地消失了。这个小故事也说明了一个人生的道理,要得到欢乐就必须能够承受痛苦和挫折。这是对人的磨炼,也是一个人成长必经的过程。

我出生在吉林省吉林市一个普通工人的家庭。父亲在我小时候因大脑受到刺激,导致心理出现问题(长大后才知道),家庭暴力就是我的家常便饭。我经常问自己,既然那么不喜欢我,为什么还要把我生出来。因为我每天被这些消极情绪困扰着,导致我学习不上进,是全班最差的学生之一。

幸运的是,我遇到一个好同学。他每天鼓励我,监督我,我也立志不要让别人看不起。经过奋发图强的努力,我考上了吉林铁合金厂技校。顺利毕业后,我成为一名普通的工人。

然而,1992年单位的一位同事病故却再次让我陷入了人生命运的困惑。在殡仪馆,我见到了被火化掉的同事的骨灰,我得知他的肺里边的粉末居然是铁——职业病矽肺。回家后,我就失眠了:这就是我生活吗?这就是我的人生吗?他的命运就是我的结局吗?我不要过这样的生活!我要努力,要去拼搏,去改变我的命运。

1992 年末,我一边上班,一边在商场里租了个柜台和我的姑姑一起卖服装。我用自己赚到的钱结了婚,没有伸手向家里要一分钱,但是口袋也空了。这样窘迫的生活现状,又因为朋友的一句话而改变,他说:男人三十而立。显然,仅仅能填饱肚子是不行的,我还有很多责任没有完成。从那以后,我经常提示我自己,时间不多了,到三十还没成就,这辈子就完了。9 月份时,我只身一人来到延吉,向所有的亲朋好友借钱,在延吉开了一家婚纱店——白雪公主婚纱。

没想到天公捉弄人,1999 年,因为生意不好,债主上门讨债,我的人生非常失意。每天晚上躺在床上,想着如何买彩票中奖,做着发财梦,但第二天早上醒来却舍不得那两元钱去买彩票。

一天中午,我在一个报刊亭无意中看到了一本书——《21 世纪非常成功学》,是杜云生老师写的。当时鬼使神差地买了一本回家去看。看完后,我深深地被书中的内容征服了,失眠了好几个晚上。通过这本书,我明白了知识改变命运,我懂得了成功不是想要,而是一定要。我一定要让我的家人过上快乐幸福的生活。

2000 年,我转行来到敦化,接手小川婚纱摄影。并在那一年,我上了陈安之老师的超级成功学的课程;2002 年,我又去上了杜云生老师在延边开的所有课程。我发现我真的飞速成长了。

然而,接下来新的问题却出现了。我发现回到自己的团队后,开始和下边人脱节,沟通出现困难。经过思考,我找出了症结所在:我成长了,但我的团队还没有跟我一起成长!于是从 2004 年开始,我带着我的团队走上了学习之路,老师教导我:一个懂得分享,愿意帮助别人的人,才是最富有的人。

虽然我当时经济条件不好,但我依然把赚到的钱都用来学习。我还把我学来的知识无偿地分享给我身边朋友,让他们的企业和员工一起成长。2006 年,我的事业再次遇到危机,需要大笔的资金来渡难关,让我一辈子感动的画面出现了,我身边的人他们都主动借钱给我,都是 10 万元 10 万元打过来的。短短的几天,100 多万打到我账户上!这件事上让我深深地知道"种善因,得善果"的道理。我更加坚定帮助别人的信心了。

2007 年我认识到了我一辈子的恩师郑卫国老师,其中最为关键的一堂课:心灵之旅,一堂彻底改变我命运、生活、事业的课程,让我再次学会:放下,付出,感恩,爱!

2010 年,我走进了亚洲超越极限,福布斯导师商学院,去向世界排名第一的大师约翰·麦斯威尔,约翰·格雷等国际大师学习,这一年是我成长最快的一年,我写下了我人生的 101 个目标,确定我的使命:我要帮助更多的人去实现他们的梦想。让更多人的生命亮起来。

2011 年,我走进恩师郑卫国老师的公司——上海吃亏是福管理咨询有限公司,成为卫国老师的合作伙伴。这期间我一直在帮助罗宾老师完善魅力系列的方案,罗宾老师正式邀请我进入香港王牌顾问公司,任策略长,让我成为公司的股东,捷程商旅网,也邀请我来做他们公司的策略长。其他一些企业也陆续向我伸出合作的手,我的事业走上了一个新的高峰。

2011 年 5 月,我设定一个新的目标,我要发起 1 + 1 爱心捐助活动,我本人每天捐出 10 元钱,我来号召身边所有的人每天捐助 1 元钱,用来帮助那些贫困学生。我要在有生之年,影响大家,可以共同来捐助 10 所希望小学,6 月 5 号,第一笔 1.1 万元,捐到敦化市希望工程办公室。我自己的力量虽小,我相信人多力量大,期盼更多人加入这个爱心行列里来。

我们的人生有一些挫折,经历一些苦难、经历一些磨炼,并不是坏事。当然并不是说不经历苦难、不经历磨炼就不能获取人生的成功,只是更能让人坚强,更能让人热爱和珍惜自己的事业和生活,更让人懂得如何做人与处世,懂得如何经营自己的事业和生活。也因此它对你的人生弥足珍贵,是你生命经历的财富。

魔力悄悄话

每一次苦难对于意志坚强的人来说都是难得的一笔财富,它让人变得更加强大,让人生不再枯燥乏味。对于他们来说,每一次磨难都是催化剂。

第六章
只有双赢才能长久

一般来说，我们认为大部分人都是正直诚实的，乐意与人为善，但是正如你从自己的经历中感受到的那样，人与人之间经常无法达到完全的信任和理解，这常常成为人们想做那些对人对己都有利的事情时的最大障碍。大部分人都不介意帮助他人，因为帮助他人会使自己觉得很快乐，但问题在于，他们经常会因为缺乏安全感、担心遭受伤害而不敢帮助别人。

我们在这里将要探讨的就是如何自然而然地把人们内心深处隐藏的善意诱导出来，让人们放心地跑出来帮助你、与你合作。

善于与别人合作

善于争取他人与自己合作,我们就能减少损失、增加利益。通过运用这些技巧,我们可以强烈地激发他人展开行动的欲望,保证我们尽可能迅速、尽可能多地获得人们的支持和帮助。

缩小对方的可选择范围,让对方别无选择

如果你想让对方帮你做事情,但具体怎么做却有好几种方案。那么在你把选择方案展示给对方前,你最先做的事情应该是缩小对方的可选择范围。一般人以为,我们给对方更多的选择余地,对方才有把握在其中挑出最有把握的一种方案,然后立刻采取行动响应我们。

但是事实恰恰相反! 如果我们想让对方做的事情有多种方案可选择的话,对方就可能什么都不选择。因为谁都不愿意犯错,也不喜欢总是怀疑自己当初的选择是否明智。可选方案越少,人们就越少犹豫,事后也越少惦念。

有一个著名的家具连锁企业,下属的分店总是把顾客的订单保留 72 小时之后,再送到总店去要求发货。为啥这么费劲呢? 是不是有效率低下之嫌呢? 原来该公司根据调查发现,有超过 60% 的顾客会在订购后的 3 天内,因为颜色、材质以及设计等因素,要求修改订单。选择一多,很多人就会眼花缭乱、犹豫不决,永远都拿不定主意。然而一旦决定了,他们又会怀疑自己的选择是否明智。

除非你是零售商,要想确保竞争力必须依靠货物样式多、品种全的优势,否则决不要向对方提供超过三种以上的选择方案,其实提供两种方案是最理想的。没选择的话,人们会觉得自己是不自由的,就会想打退堂鼓。只要有可选择的,哪怕只是两种选择,也会给人一种当家做主的感觉。你得让

人家产生一切都尽在掌握的感觉。

限定合作的最后期限,为对方注入立刻行动的动力

想要对方尽可能迅速地采取行动配合我们,还得为对方限定行动的最后期限,这么做可以击中对方的三个心理"死穴",促使他们尽可能快地行动。

一件事的重要程度,取决于事情的紧急程度。正是"最后期限"和"截止日期"这些时间上的限制,推动了事情的运转。如果没有立即采取行动的必要的话,大部分人就都会磨磨蹭蹭地轻易不肯动弹。原因不是别的,人的天性就是:倾向于在形势更有利时,在对情况了解得更清楚时,在心情更好时,才开始行动。给对方一个明确的行动最后期限的重要性在于,让对方知道现在必须立刻开始行动,否则的话,以后可能就没有机会了。

限定对方行动的最后期限,还击中了另一处心理"死穴",那就是:人都不喜欢自己的自由被束缚。当别人告诉我们不可以拥有某种东西,或者不可以做某件事情的时候,我们想要拥有和尝试的渴望反而更加强烈。所以说,通过让一个人知道,如果不立即行动,就将永远地失去这次机会,我们就给他注入了强劲的"立即行动"的动力。

有一家大超市,很善于使用这一方法。他们把"已售出"的标签贴在了本来准备清仓甩卖的货物样品上,摆在超市的入口。为什么要这样做呢?原来消费者看到某件物品上贴着"已售出"的标签时,心里就会不由自主地觉得这种东西很有价值。这样当他们在超市的其他地方"偶然"发现和那些"已售出"商品同类的东西时,就会毫不犹豫地掏腰包抢购,生怕错过这么好的机会。

无数的研究也证明了同样的结果:越是稀缺的东西,往往越让人觉得珍贵。相信你自己在生活中也肯定曾经得出过类似的结论。当某物非常流行并且数目越来越少的时候,人人都想拥有,它就会变得更有价值。当机会之窗逐渐缩小时,我们就会不自觉地对它加以重视。物以稀为贵。钻石、黄金不是必需的生活用品,它们的价值却非常昂贵——仅仅因为它们是非常稀少的。试想一下,白金比黄金要贵,黄金要比银贵,银比铜贵,为什么呢?还不是一种比一种更稀少更难于得到的原因!

从简单的事做起，用惯性定律影响对方的行为

惯性定律告诉我们，任何物体在不受任何外力作用的条件下，总保持匀速直线运动状态或静止状态，直到有外力迫使它改变这种状态为止。或许我们还可以增加一条：所有人在不受外界因素影响的条件下，总是继续做自己的工作或者会一直无所事事。如果我们想让一个人在某一个方向上行动起来，不管是体力劳动还是脑力劳动，我们就可以从比较容易着手或者容易使人产生兴趣的事情开始。那么，这个人就很可能坚持到底。为什么会有这种现象呢？

人类在心理上很在意行事的一贯性。这方面的许多研究清楚地表明，这一心理因素在激励人的行为方面有重大的意义。研究也显示，那些接受了较小的请求、帮忙做了点小事的人，接下来更有可能同意接受更大的请求、帮我们做更大的事。当然了，通常情况下，这件更大的事才是我们真正的目的。然而，如果没有我们前面那个小小要求作为铺垫的话，后来那件大事对方肯定是不会接受的。

前面说的就是所谓的"进门槛技巧"。研究表明，人有一种倾向，一旦同意接受了较小的请求，接下来更有可能同意接受较大的请求。研究者最初询问一些住户，问他们是否同意在其前院树立一个较大的"小心驾驶"的牌子，结果只有17%的家庭同意了要求。对于另一些住户，研究者先向其提出一个较小的要求，就是在其住宅的墙壁上贴一张很小的"平安驾驶"的标牌，几乎所有的住户都立刻答应了下来。过了三个星期之后，研究者再向这些住户提出在其院子里树立更大的牌子时，结果有67%的住户都同意了。

在某一个方向上迈出了一小步，即内心保持一贯性的渴望，人就会不由自主地迈出更大的步伐，接受别人提出的进一步要求。本质上，接受张贴小标牌，意味着人们内心中对于安全驾驶这一观念的肯定与支持；答应树立一个更大的牌子，同样代表了对于安全驾驶的肯定与支持。只不过是在继续完成一件他们做过的事情而已。要是你曾经管别人借过钱的话，你肯定就有这样的经验：那些最容易借出钱来的人，往往是那些以前曾经借过钱给自己的人。

惯性定律还可以从影响人的行为模式层面，促使对方立刻采取行动。

比如,我们都知道背景音乐对人的行动速度会产生一定的影响。很多精明的超市会在店里播放节奏舒缓的音乐,结果销售额就会有相应的增加。慢节奏的音乐诱使顾客不知不觉地放慢了脚步,延长了在店里购物的时间,就有可能多买一些可买可不买的东西。反过来也一样,快节奏的音乐可以使人的行动在不知不觉中加快。甚至有研究发现,用餐时听节奏轻快的音乐,会增加每分钟咀嚼的次数。

因此,如果可能的话,用节奏较快的音乐作为与人交流时的背景音乐,可以增加对方采取行动的紧迫感。讲话时适当地提提速,也可以收到类似的效果。事实上,若是我们慢条斯理地忽悠人家,对方就会漫不经心地跟我们胡说八道;反之我们快速地说话,对方也会随着你的速度说话。我们快对方就快;我们慢对方就慢。对方讲话的速度快起来了,心里就会不由自主地产生需要立刻采取行动的紧迫感。

在具体说话时的遣词造句中,也可以应用"惯性定律"。记住,只要你已经让一个人处于某种行动状态中了——不管是思想意识层面,还是身体行动层面——那么让其继续维持这种行动状态就是一件相对容易的事情。

比如"既然""在……的情况下""与此同时"这些看上去无关紧要的字眼在促使人们及时采取行动方面具有催眠术一样的魔力。原因在于这些字眼预置了一种既成事实,要求对方在既成事实的基础上进一步有所行动,使对方觉得更容易接受一些。

比如,我们想让别人接受一个意见,并得到对方的同意,那么绝对不能这么问:"哎,我们出门的时候,去家明家坐坐好吗?"相反,你应该这样说:"哎,既然我们出门了,不妨顺便去拜访一下家明吧。你看呢?"显然后面这样一种表达方法是非常符合人情世故的,让人几乎无法拒绝!所谓"顺水推舟""水到渠成",也不过就是如此!

保持积极自信的态度,才能激发对方的热情

心理学家研究发现,在没有较大的利益和原则冲突的情况下,人们更愿意做我们希望他们做的事儿。在要求获得别人的合作时,我们的言谈举止务必直接明了、充满信心。当然,我们也可以运用适当的身体语言。

"积极的态度引发积极的态度,消极的态度引发消极的态度。"无论是出

门、写字,还是打电话、握手,人们都会根据我们当时所持的态度作出反应,并采取相应行动。如果我们的表态不坚决,自己都对自己的想法没信心,又怎么能让人家对一些话题有信心呢?

换句话说,我们不仅应该使用语言文字,还可以用我们的行动,激发对方的行动。举例来说,如果我想让某人跟我走,那么我就应当大踏步向前,别回头去看人家有没有跟上来。就是说,我们的一言一行必须传达"信心"与"期望",这样,对方才会照做!

魔力悄悄话

　　人都不喜欢自己的自由被束缚。当别人告诉我们不可以拥有某种东西,或者不可以做某件事情的时候,我们想要拥有和尝试的渴望反而更加强烈。所以说,通过让一个人知道,如果不立即行动,就将永远地失去这次机会,我们就给他注入了强劲的"立即行动"的动力。

怎样让别人立即行动

有些人比较喜欢烹饪,所以经常会在下厨的时候乐在其中,因为他们觉得自己做饭做菜吃,要比去乱糟糟的饭店吃饭强多了。

但是,还有些人是讨厌下厨的,因为他们觉得做饭需要处理的事情非常多,简直就快烦死了:去超市买东西跑断腿不说,弄不好还要排半天队结账,做饭时烟熏火燎,吃饭时已经累得半死都没有心情多吃,好不容易吃完了又得洗盘子洗碗,洗碗的时候还得注意护手,要不皮肤容易老化……总之实在太麻烦了。

显然,同样的事情,当理解方法不同时,人们将会得出截然不同的结论。简单地说,人在做自己喜欢的事情时,经常会觉得事情非常简单易行,有充足的动力。但如果变成自己不喜欢的事情,就会觉得事情非常麻烦,总想打退堂鼓。

根据上述原理,如果我们想让某人立即有所行动的话,那么我们必须让他知道,我们请他做的那件事极其简单方便。若是想阻止某人做某件事,那么我们只需把做这件事的每个步骤都分别展开,让事情显得特别烦琐复杂、充满了艰难险阻就可以了。

一、向对方提供额外的好处,博取对方的好感

在去商场买电脑时,我们经常能遇到导购员拉住我们的手死活不松:"去我们家吧,我们家买电脑送电脑包、送杀毒软件、送鼠标、送肯德基优惠券……"

俗话说:礼轻情义重。反正是白拿的,我们不由得心里一动,跟上前去,很可能会买这个导购员的电脑。再比如我们在大酒店请客,花了几千块钱,最后老板一高兴,让服务员送上来一盘免费的水果拼盘,十块钱都不值,不

过大家吃得还是挺高兴,白送的嘛!

半夜起来饿了,想吃碗泡面,等水开的时候仔细看看包装,竟然是改进型的包装,加量不加价,附赠了 10 克的面饼,我们就会觉得不错,一边吃着面,一边算计下次还买。

总之,送消费者一些微不足道的小礼物,赢得消费者的好感,从而刺激消费,这一套现在几乎所有的商家都学会了。

根据统计,向消费者赠送小礼物、赠送返点优惠的营销技巧,可以使回头客的比例增加35%。商家用微不足道的蝇头小利,换取更丰厚的商业利润。而实际上他们给予消费者的所谓好处,对于消费者来说,通常都是可有可无的。

同样,我们在争取别人的合作时,也可以使用这种给对方点小好处的技巧。

不管什么好处,哪怕微不足道也没关系,重要的是表达一种重视、尊重对方的姿态,使对方了解到我们的诚心,这样的小刺激,常常就可以促使对方更迅速地采取行动。比如我们可以跟对方说:"干得利索点啊,弄完了有冰激凌吃","再坚持一会儿呗,完事了我打车送你回去","活干完了我请你吃晚饭",等等。

二、从别人的角度考虑问题

中国的封建王朝有一种专门提意见的官员,即谏官。谏官的主要职责就是给皇帝提意见。

提意见是一门专业技能,提好了还可以靠着它升官发财。这在现代人看来的确是匪夷所思的事情。

意见提不好会得罪人,这只是问题的一个方面。但说到底,更重要的一点是意见提不好没人听。假如我们有个很好的主意,可能给自己给他人给全中国人民乃至全人类带来莫大的好处,可就是没人听!

此时,我们会不会觉得自己有点像怀才不遇的秀才。人生中最大的失意莫过于此。

不过不用害怕,因为一旦掌握了下面介绍的这些社交技巧,我们就不用再怕别人对我们不"言听计从"了!

（一）不仅晓之以理，还要动之以情

很多研究清楚地证明：向某人进言时，必须动之以情！假如没有唤起对方的情感，不管我们的想法多合乎道理都是白搭。不能动之以情，就没法晓之以理。

我们的决定，有90%是以情感为基础作出的。决定了然后才用逻辑加以证明，以说明我们自己的行为多有道理。如果我们只用严格的逻辑大道理忽悠人，那说服对方的可能性就不会很大。所以，此时还必须让自己的说法丰富起来，为它们添油加醋，改造成从情感逻辑出发的观点，用清楚具体的好处，把人们的情绪调动起来！

（二）从可以避免哪些消极后果方面，阐释我们的建议

一些学者的研究报告指出，如果我们提出的建议能从避免了哪些消极不良后果方面有所说明，最终说服对方的可能性将更大。在澳门就有一家彩票公司如此做了，他们在刚开业时曾使用这样的宣传语："你可能会成为大奖得主！"

因为很多家公司都采用了这种方法，所以他们的收益并不多。

不过不久后，有个专家给他们提了一个意见。建议他们把宣传语改为："你是不是已经中奖了?!"结果导致公司的营业额倍增！这是什么原因？因为改变说法后，人们在街上、报纸或网上看到宣传语时，就会不由自主地开始害怕。他们害怕自己可能会失去"到手"的东西。长此以往，这彩票不买你的还买谁的呢？

事实上，新旧两种宣传语所暗示的内容是不同的。旧的宣传语只是暗示顾客买彩票的话有可能中大奖；而新的宣传语则暗示了如果顾客不买彩票的话，就有错失中大奖的危险！由此可见，这种说法给人的震撼力太大了。

在给人家提建议时，别一个劲地大谈只要听你的摆布，人家就可能如何之类的话，我们必须把焦点集中到对方的利益将因此不受伤害，不再会伤心、劳神、破财等等方面上来。

（三）提出明确具体的行动计划，展示行动可行性

研究显示，除了唤起对方的强烈情感之外，能进一步提出具体的行动技巧、行动进程，对方会更乐于接受我们的建议。

热情驱使我们采取行动，驱使我们不断前进，这时，了解行动的方向与方法，就显得非常必要。如果我们知道行动方案已经设计妥当，如果我们能

清楚地看到行动的具体程序,那么,我们就会觉得很有安全感。

(四)照顾别人的自尊心,并保持建议时的激情

在促使别人接受我们的意见方面,还有四个细节必须注意:

第一,人都不喜欢被别人支配,喜欢自己拿主意,如果我们能设法使对方相信我们提出的建议是出自对方的手笔、或至少是受到对方启发的结果,人家就会更容易接受我们提出的意见。

第二,告诉对方我们提出的这个新建议,和对方为人处世的一贯套路是一致的。提醒对方:对方此前做过哪些事情,跟我们现在的建议所提出的做法没有大的区别。

在上一节,我们曾研究过人行为的惯性原则,这里也照样适用。对方一旦意识到我们的建议和他们以前的所作所为并无矛盾冲突,那我们的提议被接纳的可能性就大大增加了。

第三,样样通,样样松。万事通其实是个有点取笑意味的贬义词,人们实际上很少相信所谓的万事通这一类人物的意见。给人提建议时,千万不要摆出自己什么都懂的架势,否则我们就会被当成不太严肃可信的人。给人家出主意时可以摆出谦虚点的姿态说:"有些事我是自以为明白,一般不敢给人乱开药方;有些事我是真明白,然后才适当地给人出点主意。你这件事儿,我恰好是真明白!"

第四,在上面提到的所有技巧之外,还有一个凌驾于所有技巧之上的总技巧,那就是保持游说时的激情。我们在表达自己的观点时越是激情澎湃,就越能影响对方的情绪和思想。

(五)避免给对方造成强迫的印象,规避反建议的逆反心理

上述这些技巧,在策动别人接受我们的意见方面,绝对是非常有效的。不过在具体实行以前,我们还得注意一个人在给别人提建议时最容易犯的毛病。

因为人类在本性中有一种"倔"脾气,当他们发现自己的自由被限制了以后,自然而然就会产生逆反心理,故意与限制自己的人或事物对着干。

这种逆反心理在我们给对方提建议时,经常会起到很严重的干扰作用,对方一旦觉得自己的自由被限制住了,就会故意做出与我们的建议恰好相反的行为,没有别的原因,只是因为逆反心理。

在遭遇逆反心理的情况下,我们的建议多半会归于无效。对方会觉得自己处在被强迫或支配的地位,因此拒绝对我们敞开心扉,我们就是说得天

花乱坠也是白搭。

　　有鉴于此,明智的做法是在提出建议前,向对方传递出这样一种信息,虽然我们提出了建议,但最后决定是否采用,还要取决于对方。然后我们再通过讲道理、摆事实、说明利弊的方法,用自己的观点影响对方。

魔力悄悄话

　　如果你希望人家纳我们的"谏",别说出一个让人垂涎的目的地就行了,我们还得为人家绘制一幅地图,让别人知道如何才能走到目的地。

怎样对待爱食言的朋友

　　一些不讲信义的人把"宁可我负天下人，不教天下人负我"奉为圭臬。面对那些食言而肥的家伙，我们仅仅说一句"你怎么能这样呢，不是说好的吗"是根本不管用的。不过一旦我们学会了使用这一节将要介绍的技巧，与他们针锋相对，那些答应了我们事情的人，就只好按照事先自己画好的路线乖乖就范了。

赞美对方守信用，用好话挤对住对方

　　让对方履行承诺的最有效果的技巧，是告诉对方我们认为对方是一个说话算话的人。我们可以使用类似这样的方式跟对方说，"我觉得你是那种说话特别算数的人"，"你知道我为什么对你印象特别深刻吗？就因为我发现你是一个言出必行的人"，或者"一诺千金、有古之君子之遗风，你这一点真让我佩服啊"。只要这么一说，人们内心坚持正义、勇于承担责任的因素就被调动起来了，就会自然而然地想在人前扮演一个有担当、有责任感的英模形象。

　　为什么这些话会起到这种效果呢？原因在于我们的这些说法唤醒了对方的自我意识，并在此基础上产生了一种要求对方保持行为和自我意识一致的心理需要。人的天性倾向于保持一种身心的和谐统一，如果灵肉自相矛盾的话，人就会陷入精神分裂的状态，觉得自己活得特别累。在内心深处，很少有人把自己看成是说话不算话的人。当我们表扬对方是个说话算话的人时，对方的潜意识就被逼了出来，用理想的人格标准要求自己做一个说话算话的人。

　　反之，如果采用以下这些说法来督促别人兑现诺言，实在是有点与虎谋皮："快点的，赶紧把这事弄完"，"我早就知道你不会认真做的"，"我就不知道我当时为啥竟然肯相信你"……这些说法虽不能证明对方的任何错误,倒是强调了履行承诺是违背对方的意愿的,要履行承诺就是违背对方的意愿去迎合外物。既然如此,对方坚持不肯兑现诺言还有啥不对的呢。

比如,我此前曾经要求同事凯丽帮我处理一批文件,事情已经过了两个礼拜还没什么头绪。这时千万别和人家这么说:"文件弄得咋样了?"或者:"你现在还没开始呢吗?"因为我们这么发问,只会给对方创造脱身而去的机会和托词。

要是我这么说:"哎呀,凯丽啊,你能帮我这个忙我可感谢你了。我就喜欢那种乐意帮助人而且还有始有终的人。"这些话一下子就把对方给圈住了,对方要是不按照自己以前的承诺,尽快帮忙完成工作的话,就成了一个有始无终的人,成了一个不乐意帮助别人的人,就会产生一种对不起自己良心的感觉,所以根本不用我们逼,对方就会急着兑现诺言。

我们这么一说,对方就不可能再说什么"我太忙"或者"我不喜欢做"一类的话了。对方当然会把自己看成是有始有终比较靠得住的人,要是放弃了对我们的许诺,那对方就不得不面临这样一个问题:"我到底算是一个什么样的人呢?"很少有人愿意直接面对这一问题。

拔高对方承诺的重大意义,逼对方严肃对待

在督促对方履行承诺方面,还可以采取另外一个技巧,那就是诉诸普遍价值的认同。这种诉诸普遍价值认同的技巧,可以和前面介绍的那种诉诸自我意识认同的心理技巧一起配合起来使用。

比如,我们可以把要求对方兑现诺言的要求,和友谊、尽忠职守、诚实等大家普遍认可的价值联系起来。针对对方拖拖拉拉的情况,我们可以从这个角度用敲山震虎的方式暗示对方:"咱们公司的有些人可不好交了,不管你怎么对他好,就是换不来一颗真心。真没有办法啊。"

这种说法把对方圈进了一个对所有人都很重要的普遍的价值体系中,逼着对方非得履行自己的责任不可。此时此刻,已经不是简单的一个完成工作的问题,而是一个事关交情的问题。一旦撒手不干,那就意味着要冒激怒我们的危险,冒出现人际关系问题的危险。

让对方亲口答应,是产生主动配合的感觉

上面提到的两种利用心理学的社交技巧在促进对方兑现承诺方面,都有很好的效果,不过在一开始向人家提出要求时,打下一个坚实的基础也是非常关键的。

研究显示,街头的募集献血志愿者的工作人员,在发放资料时说"您一定会支持献血事业的,是不是?我们就靠您的支持啦",可以使献血志愿者的比率增加19%。在提出要求以后,别忘了迅速地在口头上确认一下对方的意见,以造成心理上的既成事实。这么一来,对方在心理上就有了一种保持言行一致的欲求,这样对方帮人帮到底、送佛送到西的可能性就大大地增加了。

需要注意的是,要是对方答应帮助你是发自内心的,对方最终完成承诺的可能性就更大一些。当某件事情是被摊派到某人头上时,对方心里就有可能会这么掂量一番:"如果我不能兑现承诺,他一定会气疯的;他难受我也难受,结果还得想办法补偿他。长痛不如短痛,与其如此,不如现在就拒绝他吧。"

如果对方这么一想的话,肯定就会认为同意帮助我们是不明智的。换言之,人家不肯主动帮助,倒不是因为人家自私,而是因为人家有顾虑,怕完不成任务,给我们造成伤害、给自己添堵。要想帮助对方跨越这个心理障碍、毫无顾虑地应承下我们的要求,我们就可以与对方说:"我知道你应付这件事是小菜一碟,只要你心情好乐意做的话。"

敲定诺言的细节,让对方无可推托

事情麻烦复杂到这个程度,你是不是觉得有点厌烦了?的确,求人办事本来就是一件不太容易的事。否则就不会听到"别人求我三月风,我去求人六月霜"这种说法了。不过你也别灰心丧气,要想使对方最终兑现对你的承诺,你在提出要求的初始阶段,要是能按照以下五个步骤把工夫下到位的话,对方最终满足你的要求的可能性就会大大增加。

比如我们跟一个朋友说,自己的电脑出了点毛病,对方痛快地答应说下礼拜六过来帮忙修理。但情况还是存在某种不确定性,而对我们来说,及时修好电脑又是非常重要的事。

为了确保朋友一定能来,就必须想办法打动人家,把随便一说性质的答应变成肯定的诺言。接下来,我们就以这件事做例子,具体说明详细的做法。

◇让对方亲口确认答应我们的事情

我们提要求,人家点头答应是一回事。但要人家亲口确认一遍答应我们的事情,那又是另一回事了。"你真是这么准备的啊?"或者,"别逗我啊,你是认真的不?"如果我们用这两种方法反问对方,对方多半会回应说:"肯定的,礼拜六我去帮你修电脑。"

◇问清楚具体的时间表

这个具体的时间表包括对方赶过来给你修电脑的时间,以及修好电脑可能需要的时间。接着上面的话茬儿,你就可以继续问朋友:"那太好了。你礼拜六几点过来啊?估计多长时间能修好呢?"

◇让对方明白他的帮助对我们的重要性

我们还可以继续告诉朋友,我们非常依赖于他的帮助,他的帮助对我们来说至关重要。要是他不来的话,我们可能会面临很大的麻烦等等,这些都要告诉对方。在现在这个例子中,我们就可以告诉对方说,要是电脑修不好,就没法写一个非常紧急的报告,下礼拜就会受到上司批评等等。

◇让对方产生身临其境的感觉

关于这个技巧,其实房产经纪人都知道。给买房的人介绍房子时,他们会试图引导消费者把眼前的样板房当成自己的房子,这样就有可能增加对方买自己公司房子的可能性。把别人的房子当成自己的房子,当然是需要几分想象力的。所以领着买房人四处走时,经纪人们就会用类似这样的问题引导买房人:"您看这里放电视怎么样?这里放一个大沙发正好,您看是不是?"

在我们现在这个场景里,我们也可以应用同样的原理,问朋友说:"你准备怎么修啊？我到时候会把说明书找出来给你参考，把原厂的驱动程序光盘给你准备好，你看行吗？"让对方在想象中身临其境，对方会产生一种所计划的事情已经在以某种形式开始的印象，在无意中受到善始善终的念头的控制。反正已经开始了，为什么不彻底完成之呢？

魔力悄悄话

为啥自愿帮忙时要比不情愿帮忙时做事情的效果要更好一些呢？原来人情愿做某事时，心里就会一直不停地告诉自己说："我是真想做这件事。"人不情愿做某事时，却会一直不停地跟自己说："我是一个傻瓜，没办法被人抓了冤大头，我才不愿意做这种倒霉事呢。"人有了后一种念头，做事时消极怠工、磨洋工就在所难免。

求人帮忙的方法和技巧

某高管的千金悦悦在某高校读硕士研究生,她整天忙着四处游山玩水、打情骂俏。眼看着毕业就剩半年时间,才忽然发现,按照毕业的标准还差一篇论文没有发表。

悦悦本来跟一家杂志社说好了在该杂志上发表论文,可后来自己着急去外地游玩,论文没有按编辑的要求及时修改,就被杂志社主编拿下来了。

论文不发表,是无法得到文凭和学位的,这可不是小事。悦悦看见别人都轻轻松松地要准备毕业了,很着急。赶紧将拟好欲发表的论文修改了一通,带着电子版和打印稿,亲自跑到编辑部去找主编,要主编帮忙,务必在审批毕业资格前把论文给自己刊发出来。

主编说:"这个可有点难度,发虽然可以,但我们编辑部编稿子,都是提前编三个月后的稿子,现在往后的三个月稿子都排满了,我们也不能随便没理由就把别人的稿子拿下来,让你的上。你着急人家也着急嘛,总有个先来后到。"

悦悦听后立刻勃然大怒,指责编辑部办事效率低下,自己好几个月以前就投了稿子,凭什么未经作者同意说不给发表就不给发表了,编辑部必须对为此造成的一切后果承担全部责任。如果不给自己立刻发稿,采取行动补救,就要跟编辑部法庭上见。

主编闻言,气得哭笑不得,只好不睬她。悦悦见人家不搭理自己,索性坐在主编的办公室沙发上给自己的父亲和父亲的实力派朋友挨个打电话,请求救兵。不过俗话说:远水难解近渴。悦悦的父亲虽然有权力,但是托人办事也需要一个运作过程。悦悦听说不能立刻见效果,哪有耐心等下去。

小姑娘眉头一皱,计上心来,她站了起来,一把关上办公室的房门,转身走到主编近前,一屁股坐在人家大腿上,搂住对方的脖子说:"主编老师,求求你了,我现在也是没有办法了,不赶紧发表论文的话,就毕不了业啦。你帮帮人家嘛,只要你肯帮我,想怎么样都可以。要是你不帮忙啊,我就告你强奸我。你想想吧,哪条路占便宜、吃亏。"

主编被吓了一跳,支楞起两只手,推也不是不推也不是。心想哪有这么求人办事的。灵机一动,就指着天棚上的火警监视器说:"小同学,请你自重!看见房顶那是啥没?这屋里装着监控录像呢,咱们互相说的话、做的事儿,可都有记录。"

悦悦也不了解这编辑部房间的装修结构,一下子就被忽悠住了。只能悻悻地从主编的身上站起来,嘟嘟囔囔地离开了。

实际上,悦悦要求主编办的事情,其实并非一点商量的余地都没有。可是她根本就不知道求人办事的方法和技巧,硬把能办的事情办成不能办得了。换成会办事、懂得如何求人帮忙的人,就算不用威逼色诱,人家照样全心全意地帮忙出力。

你也许会问,只要知道了求人帮忙的方法和技巧,不管啥时候,求人办啥事,对方都笑脸相迎,这可能吗?

当然可能,只要你能把我们在这一节即将要研究的技巧弄明白。这套技巧包括十一个方面的环节,只要你一路施展开去,就算对方是铁石心肠或者有心没力,最后始终不肯帮你的忙,也起码得给足面子,绝对不会直接拒绝你。

尽可能早点提出要求,给对方充分的准备时间

啥时候才是求人帮忙的最佳时机呢?是急需人家出手帮忙了才求爷爷告奶奶好,还是尽可能早点提前向人家提出请求好呢?答案是尽可能的早一些。时间逼近的时候,需要人家尽早采取行动的压力就会很大,对方一焦虑,心里没底,就很可能为了回避风险不答应我们的请求。

研究表明,如果我们需要帮忙的人立刻投入进去帮我们做事,我们最好找那些当时不怎么忙或者没有其他事情的人出手,这样成算就相对比较大些。从一个无事一身轻的人那里获得帮助,当然要比从一个忙得不可开交的人那里获得帮助的难度系数小得多。

求人先给对方一点好处

有一次,一群小朋友聚在一起做游戏。当时有一个小朋友肚子饿了,便从兜里拿出零食。可这时别的小朋友正在看着他,他就把自己兜里的所有零食都拿了出来,分给了其他小朋友。自此以后,他就在这群小朋友中脱颖而出。所有的孩子都对他言听计从。这个小朋友用一点食物就得到了其他小朋友的拥护。

同样的原理,在求人办事前,预先给对方送一点礼物或给予对方点其他种类的好处,对方最后答应我们随之提出的请求的可能性就会极大地增加。给人好处的形式可以灵活多变,比如陪对方度过一些时间、关心关心对方的生活,或者向对方打一个友好的手势、献上一句准确到位的赞美等等。

告诉对方只有对方能帮助你,增强对方的责任意识

研究表明,当一个人处于危难中时,四周观望的人越多,肯出手帮助受难者的人就越少,这就是所谓的旁观者效应。原因在于旁观的人越多,每个具体的人的责任意识就会越微弱。这一效应也几乎适合于其他所有环境。

根据这个原理,我们在求人帮忙的时候,得告诉对方人家是唯一能帮得上我们忙的人。要是对方觉得我们可以找任何人帮忙,就算帮了我们也证明不了自己的高风亮节,这个人帮助我们的责任感就会减弱,就不会觉得在道德上有任何帮助我们的义务。

注意对方的情绪,选择最有利的时机提出请求

是不是一定得等对方心情好的时候,才可以提出请求呢?其实也不尽然。研究表明:如果我们想求助的人正好心情不错,那么就可以清楚地把自己的需求告诉这个人,对方多半会因为别人有求于己感到挺高兴,但是帮不帮却是另外一回事。尤其是我们去求人家办的事比较不明确,或者是帮了

忙后会导致不那么令人开心的后果的情况下。人在心情好的时候,当然不想让不开心的事情败自己的兴致。

研究还发现,反倒是一个人在情绪不怎么好的时候,更愿意帮助他人。因为帮助人可以使自己产生比较良好的自我感觉,情绪不好的人为了补偿自己的不良情绪,会产生一定的助人为乐的冲动。

当然这种说法是有条件的。一般来说,如果求助的行为比较容易或比较容易取得效果,人们就会很乐意奉献自己的爱心。通常,助人为乐的行为总是会使帮助人的人产生积极的情感。如果我们求对方做的事情有一定难度和复杂性,那些情绪不好的人自己正闹心着呢,肯定就没心情搭理我们了。如果对方心情不怎么好时,我们只能请对方帮你做一些比较简单不费劲的事情,这样人家做完了才会感到很高兴。

给自己的困境找一个理由,赢得对方的同情

如果对方觉得我现在的境况是无能或者做事不认真的结果,就不会同情我,不愿意帮助我。要赢得人们的帮助必须先让对方同情我。

研究表明,要是我们的处境可以解释成不是我们的过错,那么我们获得帮助的可能性就会大大增加。比如大家虽然有时候自己也没办法,但都很同情那些被主人遗弃的流浪猫、流浪狗。我们看到流浪猫、流浪狗的悲惨的模样,自己都会很难受。我们知道它们落到这步田地,并不是说它们自己有什么过错。相反地,在大街上看到身强力壮的乞丐,穿得破破烂烂地跟行人要钱,我们就会非常鄙夷他们,觉得他们是对自己负责任的人,却混成这个穷样,不是因为自己懒就是缺心眼,所以就看不上他们。

但是当个人没法对自己的行为负责任时,我们也会同情不幸的受难者,产生想帮助对方摆脱困境的愿望。根据以上的分析,想来你已经明白了,要想获得他人的帮助,你必须让人家感觉到你目前的境况不是自己而主要是外部力量造成的结果,在某种程度上,你只不过是环境的不可抗拒因素所造成的。

设法展示双方的共同点，让对方喜欢自己

简单地说，人更喜欢帮助那些自己喜欢的人和那些跟自己相像的人。具体原因和技巧我们在第二章曾经详细解释过了，在这里就不赘述了。

如何有效地带动对方

有关人类行为和记忆方面的研究表明，人们的当下观念经常取决于相关信息的容易获得程度。也就是事情发生时人对事情的判断，经常根据的是当时眼前能想起来的东西。比如，现在要你回想一下以前曾经做过的鲁莽冲动的事情，你立刻就能想起来了，更何况谁年轻的时候没做过一件荒唐事呢。在随后一段时间里，我们自然就会产生一种自己很鲁莽很冲动的感觉。可是，要是我们什么也想不起来，就只会觉得自己记性太臭了，但是却不会给自己一个性格很鲁莽的评价。

既然人们的判断常常取决于即时的记忆，我们就可以利用这个原理改变人们看待自己的方式。然后他们的行为模式又会随着看待自己的方式的改变而发生改变——这一点我们也分析过了，原因是人需要保持灵与肉的和谐统一。比如要是你把自己看成一个充满爱心的人，在公共汽车上我们就会很难在对面走过来一个白发苍苍的老大爷时，安然稳坐在座位上。

假设我们现在想使一个特别敏感容易激动的人放松并安静下来，但是我们觉得他肯定想不起来自己在什么时候也有过能保持镇静的情况来，那么该怎么办呢？据专家研究表明：在这种情况下，我们可以让这个人通过想象的方法镇静下来，也就是让他在脑海中想象自己在某一个特定时间保持镇定冷静的场景。缺乏经验就利用想象，想象同样可以改变一个人对自己的看法。

综上所述，在求人办事前，我们最好设法使对方回想以前助人为乐的经历，或者跟对方探讨一番如何帮助他人一类的话题，让帮助人的经验或者想象占据对方的意识。随后对方在我们提出要求时，慨然伸出援助之手的可能性就会大大地增加。

用助人为乐的事迹引导对方，给对方一个学习的榜样

人在了解到他人做了某件事以后，会产生一种无意识的攀比意识，想要做同样的事情。募集义务献血的工作人员发现，在大学里张贴以往志愿者参与献血活动的照片后，大学生参与献血的人数会比不张贴照片时增加七个百分点。看到别人献血场面的大学生，要比那些没有看见过这种场面的大学生有更强烈的献血冲动。同样的心理机制普遍存在于各种社会交往中。大量证据清楚地表明，献身社会的模范行为会导致更多的无私行为。

问题在于，在我们希望别人帮助我们时，经常不具备让对方见证那些别人帮助我们的事迹的条件。这可如何是好？其实这样更好。实际上，根据前面介绍第三个技巧时提过的原理，这时如果我告诉对方说，还有别的人可以帮我的忙的话，倒有可能减弱对方的责任意识，结果根本不采取任何帮助我的行动。此时就要用到嘴了，我们可以用"讲故事、说道理"的方式，把别人在类似情境下助人为乐的事情说明白了，一样可以收到效果。

韬光养晦，避免引起对方的猜忌心理

研究者发现，假如一个人的成功不会过于光辉灿烂，威胁到他人的自尊心，对方就会更倾向于向这个人伸出援助之手。这也是有些时候，人能帮助素不相识的陌生人，却对非常熟悉的人冷眼相向的原因所在，熟人的成功可以威胁到自己。

所以，在平时应该尽可能地确保不要使人产生受到你的威胁，或者你们存在竞争关系的印象。因为任何形式的嫉妒都会影响双方的合作。一定要想办法消除掉对方心目中你们之间存在竞争的印象。比起"帮助我得到我所想要的东西"这种逻辑来，"你和我团结起来多弄点好处"这种逻辑，显然更容易被人接受。

百折不挠,反复请求

大多数人不肯帮助别人没别的原因,只是他们习惯了旧有生活模式,不想因为帮助别人发生改变。求人被拒绝一次两次属于正常,至少找对方六次,否则不要轻言放弃。

研究表明,六次求助绝对是一般常人可以抵抗的临界次数,只要我们肯第六次硬着头皮求对方帮忙,大多数人都会倾向于答应我们的要求。当然有些情况下,还需要更多次的请求才可能奏效。

动之以利,提出给对方一些实际的补偿

显然,我们想要求助的人能否帮助我们,人家是否同情我们是很重要的因素。其实前面所说的方式方法所遵循的本质路线,也无非如此。如果我们能循序渐进,其实两三招就能促使对方就范。不过要是对方实在是铁石心肠,无法打动,我们就得想点别的方法。

魔力悄悄话

研究表明:人在对求助者缺乏同情的时候,主要关注的是帮助行为的回报和成本。要是实在请求无效,我们还有最后一招就是坦率地跟对方谈清楚,如果我们能获得帮助,可以给对方哪些回报。这个时候,问题反而简单了,只要我们给予对方的回报能超过帮助我们所造成的麻烦,那么对方就多半不会再犹豫是不是应该伸出援手了。

怎样让你的阐述更加简单有效

我们想让别人同意我们的观点，或者立刻按我们所说的去做事，都必须有一个先决条件，那就是对方能清楚准确地理解我们所说的想法、要求。一遍又一遍地跟人家解释，可就是说不明白，这才是最折磨人的事。但如果我们使用下面的两个技巧，在跟人家说事时使用，就一定能相对容易地把问题说明白了。

先说明大体的情况，给对方一个宏观的框架

要想把一个困难的问题说明白，第一个方面是要善于从全局的角度说明问题。

把大体的情况交代明白了，人家才能了解我们说话的内容。比如说，别人说了一句话，我们并不是整句记住，而是把这句话分解成我们认识了解的许多词语，用几个词语组成一句话。但如果只是给我们十个随机排列的字词，例如蝙蝠、走、飞、如何、通过、发动机、不、热、巨大的和母鸡，我们就很难记住它们。而同样包括十个词，有逻辑语法关系的一个句子，我们却很容易记住。比如这一句：有四个十分可爱的小男孩正在隔壁专心地看电视。我们立刻就能重复出这个句子，不费多少劲儿就能把它背下来。可是要背那十个随机排列的字词麻烦可就大了。我们能很快地背诵下来句子，原因在于我们清楚地知道词的整体联系，明白它们是怎么结合在一起的。

让人们对理解产生希望，肯于积极地进行理解

确保人家能理解我们的第二个方面是，我们能在多大程度上让对方对

理解我们所说的事能产生希望。大量研究表明：希望在增进人们对事物理解方面有神奇的力量。比如，被告知测验很难，无论如何也考不好的女学生，成绩会真的降低；生产线上被告知工作很麻烦、很费劲的工人，要比被告知工作很简单、很容易的工人的工作效率要低；被告知需要破解的谜语难度很大，只有研究生学历以上的人才能猜得出来的人，要比什么也不被告诉的人猜解得更慢。

在如何消化获得信息和采取相应的行动方面，我们自己和接受者对最终可以达到理解的希望，会起到极大的作用。如果我们自己都对达成理解不抱任何希望，那么就根本不会有足够的耐心与人家解释。要是我们想让人家理解，在说话的时候，除了要善于从宏观全局的角度解说一般的大体情况，还要给人家一点希望，比如说感觉对方资质很好、理解任何问题都不费吹灰之力一类的话语。

在解说的过程中，要不断地鼓励对方，这样人家就比较有热情继续学习、继续理解。照此办理，我们就能够极大地增进其他人的理解、记忆和应用能力，让别人感觉到我们很和善了。

魔力悄悄话

在没交代清楚一般概念、大体情况前，就具体地说明细枝末节的问题，就好像是玩拼图游戏，没有拼图的大框，只给了一大堆混在一起的碎纸板。人们听不明白，通常是因为没搞明白一般的宏观轮廓。

消除对大人物的畏惧心理

很多人都有害怕大人物的畏惧心理。比如小张以前的一个同事小苏，平时跟自己熟悉的朋友、同事或嘻嘻哈哈或一起工作办事，都做得风生水起，可是一旦遇到部门经理以上的大人物，就变得两腿发抖、张口结舌起来，跟领导说话往往词不达意、应对也不得体，平时的一半能力和气度都发挥不出来。看他那个别扭的样子，好像恨不得立刻挖开条地缝钻进去躲开领导。

小苏这种对大人物的畏惧心理，在很多年轻人，甚至多年的职场老前辈身上都有存在，不仅影响了自己的工作效果和交际圈子发展，也极大地限制了个人的事业发展。其实要消除对大人物的畏惧心理并不困难。

认可自己对权力的崇拜，消除畏惧的心理障碍

要想克服对大人物的畏惧心理，首先必须对自己畏惧大人物的心理有一个理性的认识。崇拜并畏惧权力、金钱和名声是人类的通病，所以它并不算什么错误。所以我们大可不必因为自己对大人物的过分敏感而感到羞涩。我们对大人物心存畏惧，主要是畏惧对方所掌握的巨大权力、财富，而在人格上我们并不比他们差。

如果我们仔细研究历史就会发现，为了生存、为了生存得有质量，追名逐利是一般人的选择，淡泊名利是特殊现象。所谓傲世权贵、淡泊名利的人，往往有比较复杂的时代背景。比如陶渊明的家族属于东晋朝廷的旧人，他出去做官时，正赶上新兴的刘宋家族开始培养自己的势力、蓄谋颠覆前朝。加上陶渊明这人脾气倔强，干脆就采取了非暴力不合作的态度，自己回家种地了。如果真能开开心心地做大官、发大财，陶老夫子也没傻帽到放着好好的官不做去种庄稼的程度。

认可大人物的身份、地位，不必愤世嫉俗

有些人见到大人物心存畏惧，实际上是一种复杂情绪的综合反应。除了敬畏，还有可能包含着敌意。敌视大人物的人往往有很强烈的逆反心理，在小时候因为和家长关系不好，结果产生了一种本能的对地位比自己高的人的反感。自己心存敌意，不愿意对大人物曲意逢迎，于是担心自己得不到对方的欢心，对方也很难喜欢自己。

但是又不可避免地出于一般社会心理，担心自己不讨对方喜欢的话有可能挨收拾。种种算计互相冲突牵制，在心理上无法形成一个绝对优势的行为指导原则，结果在见到大人物时，就会汗如雨下，不知道说什么好、做什么好。

成功者未必有德，更未必招人喜欢。人无完人，何况有些大人物的晋升之路的确充满了复杂情况呢。但是不管人家是否值得尊敬，不管对方出身如何卑微，不管人家做事情如何不堪入目，但是大人物就是大人物，人家毕竟是掌握权力、金钱并拥有声誉的成功者。我们可以不喜欢对方、不齿于对方的人品，但是必须尊重对方的身份、地位，这是社会的潜规则，也是明哲保身、不得罪人的需要。

除了对大人物的地位、身份给予充分的尊重，我们还应该理解这样一个事实：任何成功者都有其过人之处。很多问题理解角度不同，评价也就不一样。比如，有些人善于阿谀奉承，靠拉关系、走后门做到高位，从道德的角度看，固然是值得批判的，但是从纯粹技术的角度看，我们却不能不佩服人家在沟通、组织能力方面的技巧。如果你能挖掘出大人物的独特优势，发自内心地认可对方，在跟对方相处时，比起虚情假意的情况，自然就要表现得亲切、真实、自然得多。

不打无准备之仗

克服了上面涉及的两个心理问题后，接下来我们需要做点实际的工作了。在跟大人物见面前，为了克服自己的畏惧心理，绝不能打无把握的仗。

具体来说,见面前要多方搜集对方的资料,多对大人物领导的组织机构的情况、特点进行调查研究,还要尽可能地兼顾这个人的个人兴趣爱好、最近关心的话题或事务等等。充分了解了对方的情况,才有共同语言,说起话来才心里有底,不至于有上句没下句地陷入尴尬境地。如果有必要的话,在见面前准备一份需要面呈的书面材料,见面时交给对方,就某些问题有的放矢地交流。这么做除了可以克服自己的畏惧心理,还可加深对方对自己的印象。

跟大人物见面前,还应该有一个心理准备,那就是见面时,自己可能捞不着多少说话的机会,主要就是听大人物讲。大人物喜欢说个不停的原因一般有这几个:显示自己的强势地位,显示自己有能力有水平,堵大伙的嘴以避免有人提意见或批评,不给别人说话的机会挑战自己的权威,无法让所有人都发表看法,索性自己独占话语权。

明白了这个道理,在跟大人物见面时,一旦你捞不着说话的机会,就不用再为对方不尊重你的意见甚至不给你面子的幻想而烦恼了。

抢占心理制高点

跟大人物交往,我们可以活学活用毛主席的兵书战策:在战略上藐视敌人,在战术上重视敌人。套过来就成了:在战略上尊重大人物,在战术上轻视大人物。

除了从心里认可大人物、接受自己应该尊重人家这一个事实,要想完全克服对大人物的畏惧心理,还必须在战术上压倒对方,采取先发制人的策略,占据心理上的主动权。

第一个可以使用的技巧是要求把见面的时间提前。要是你不习惯跟大人物接触,当然习惯的做法是千方百计地延后双方的会面时间,见面时摆出一副迫不得已的姿态,当然会很胆怯。反正迟早都要"死"一回,要是你肯大着胆子,跟对方提出提前见面时间的要求,反而会感觉不同。这么一要求,你就不是被动地被对方接见,而站到了积极主动的地位,占据了心理上的优势,从而在一定程度上不再感到畏惧。

第二个技巧是在见面的时候提前到达见面地点。比如跟某个单位大领导约好了在一个地方见面,要是你晚到了,你肯定会觉得不好意思。倘若发现对方姗姗来迟,虽然着急,却平生了一种优越感,看见对方的时候,感觉也会特别从容。这种心理在对方身上也是存在的。要是你用早到的方法，人为地把对方放到一个"迟到"的地位，你就可以占据对对方的心理优越感，可以更淡定从容地跟对方打交道了。

暗中挑对方缺点，消除面对大人物时的自卑意识

在身边熟悉的人眼里，即使是最伟大的英雄豪杰也不过是平常人。原因就在于"金无足赤、人无完人"。我们之所以经常觉得大人物是高高在上的，其实只是因为对他们缺乏足够的了解，而并不意味着他们真的是天上的星宿下凡。这个世界上没有任何一个人是毫无缺点的。经过一段时间的关注，我们可以发现任何一个人的缺点，问题只是多少和大小而已。

对于大人物，即使是那些真正的精英分子，我们在承认他们过人的才智、能力、优越的地位、身份的同时，我们还是可以认定：他们也不是神仙，肯定也存在缺点。

如果你在跟大人物交往时存在心理问题，不妨使用暗中挑对方缺点的方式，以赢得心理上的优越感，消除自身的畏惧心理。除了个人品质、言谈举止方面的问题可以作为挑剔的对象，对方的衣着打扮、家居陈设，以至于亲戚朋友身上存在的问题，都可以一股脑儿算在大人物账上，作为对方并不比你更高级的证据加以搜罗。这一招虽然有点阿Q精神，不过实战效果很不错。

魔力悄悄话

需要明确的是瑕不掩瑜，大人物身上存在着缺点，并不意味着我们就可以藐视人家了。这个技巧的目的不是为了伤害对方，而是为了克服自身的心理问题，只限于自己私下研究。尤其不可以在发现对方的缺点后到处散布，也不可因为发现了对方的问题，当时就露出轻蔑的神色，甚至不再尊重对方了。那你可就是自寻死路了。

改善自己的同事关系

在团队中,除了与上司的关系,就是与同事的关系最重要了。工作中,需要跟同事互相依靠支持;生活中,也少不了互相照应、交流交流感情。同事关系之所以重要,不仅体现在平时,更体现在出现特殊情况的时候。假设我今天想早点下班,领导又联系不上,却觉得没有任何一个同事可以放心让对方帮我;或者假设我最近准备搬家、结婚,却想不起哪些同事可以给我帮忙,那我就得注意自己的同事关系了。

要改善自己的同事关系,有以下几个技巧效果不错,可供你参考。

经常对同事进行鼓励,表扬,传达出你的善意

其实从另一种意义上来说,成年人无非就是长大了的小女孩和小男孩,仍然非常在意别人对自己的看法。要是那些他们很看重的人注意不到自己的成就和努力,他们也许不会哭鼻子,但是也一样会感到难过的。反之,若是我们能经常给同事以积极的肯定和赞赏,我们的同事就会把你当成自己的知音、伯乐,至少也得说你这人对自己不错,从而拉近你们的关系。

经常给同事以积极的肯定和赞赏,这个技巧的要点在于用短平快的方式、频繁地表达对同事的好感,而不必搜肠刮肚地寻找完美的词令。只要看见同事完成了某项工作、取得了一些微小进步,就都可以用类似"你这回干得不赖"的套路夸奖对方一下。比如你可以在办公室里经常小小地表扬一下同事:

"你今天表现得不错啊,小苏。"

"你这工作完成得挺利索啊,凯丽。"

"今天会上你作的这个发言不错,雪莉。"

如果碰巧同事穿了一身新西装来上班,你也可以面带欣赏地赞美一番:

"你穿这身衣服太帅了！这是哪国的名牌啊？得花多少钱？"或者也可以逗对方说："今天怎么打扮得这么漂亮？相亲去啊？"类似的，对方穿了一双新鞋子、刚理了头发或者烫了一个新发型、甚至背了个新包，你都可以套用上面的模式，给对方的心灵按摩一下。

不过需要注意的是，我们这么说的时候，说的事情也多少要有点影子，不能好言太频。否则人家不仅不会因受到表扬感到高兴，反而会心生疑窦："这人怎么这么虚伪呢？"

不要什么话都跟同事说，避免口舌上招是非

要想在单位得到同事的尊重，就不应该让同事看出我们有多大的勇气和智慧。有时候，我们可以与我们的上司表露自己的真实想法、负面的情绪和能力的局限性，这常常可以帮助我们赢得上司的信任。但是，这仅仅限于针对上司，如果毫无保留地向同事，甚至下属倾诉衷肠，那我们就会被同级别和低级别的人看透，这样对方就有可能轻视甚至利用我们的弱点。反之，如果同事无法预测我们的能力的极限，就会对我们心生尊敬之心。

从管理学的方面来说，向上的信息渠道应该尽可能畅通，向下的信息渠道应该适当地有所控制。处于金字塔等级体系中的特定员工，作为下属，尽可能地将负面信息反馈给上司，有利于上司针对性地做出正确的决策；而作为上司，若是将掌握的负面信息过多地向同级或下级发布，就有可能导致同事或者下级对权威、目标丧失信心，从而造成恐慌和混乱。

有鉴于此，聪明人跟同事交往，虽然总体上要坦诚相待，但是对那些如果传播出去，会对自己、对集体的事业造成不利的信息，还是得话到嘴边留三分。

第一，可造成同事对自己产生负面印象的话，不要跟同事说。同事之间既是合作者又是竞争者，这种复杂的关系决定了同事之间，尤其是在涉及双方利益有冲突的问题时，会不可避免地产生一些矛盾和冲突。毫无保留地暴露自己的真实情况，交往中不注意分寸，都有可能引发同事对我们的人品和能力作出负面的评价，招致对方的轻视和欺侮。另外，平时大家关系都不错，胡乱说话问题固然不大，但一旦涉及个人利害，人为了维护自己，就有可能不择手段。这种时候，我们从前无心透露出的自己的弱点或糗事，就有可

能成为处于竞争地位的同事攻击的利器,那时候可就真是叫天天不应、叫地地不灵了。

第二,不要无端挑同事的毛病。同事之间,朝夕相处,时间长了,就不怎么顾及分寸,喜欢互相开玩笑、斗嘴,弄得不好,就容易伤害彼此的感情。逞一时口舌之快的行为,最好能避免就避免。尤其不要揭人家的老底,拿人家的隐私、痛处说事,专门给人家难堪。杀人一万,自损三千。你可能一时占据上风,可事后难保不处于下风。相敬如宾,才是智者所为。

第三,不要跟同事批评、指责上司或其他同事。每个人在单位里都会有比较知心的同事,工作中遇到麻烦、困扰,就会习惯性地跟对方倾诉一下,释放一下心理压力。但在这种情况下,说的话往往是指向上司、其他同事的批评、指责或抱怨之词。这些话没准就会传到上司、其他同事耳朵里面,从长远看就会影响你的人际关系。

魔力悄悄话

古人说:君子行小惠,则可以使人。意思是当领导、做大官的,给别人一点小恩小惠,然后别人就感激,进而肯在关键的时候替自己出力气。当然了,我们平时和同事相处,大家都是友好平等、互惠互利的关系,给对方一点好处,绝对不是收买人。

让被领导者自主选择服从的方式

一群工人在车间里安装电动机,其中包括担任主要职责的几个钳工和几个起重工人。数吨重的电动机非常笨重,工人们费力地反复调整着位置,都有些厌烦。只有钳工小吴蹲在底座旁目测距离,不时提示其他工人用工具调整电动机的位置。

"说你呢!利索点!往左点,听见没?"小吴见右边角上的一个起重工有点走神,配合不了大家的动作,就没好气地冲他吆喝起来。

"你说谁呢?"被吆喝的起重工人脸色立刻就变了,随即撤回手里的撬棍。只听见"嘭"的一声,电动机的一个支脚随即落地歪向了一边。愤怒的起重工,挥手招呼自己工种的人马,离开了工作现场。剩下发呆的小吴和其他沉默的钳工们。

小吴究竟犯了什么不可饶恕的错误,得罪了起重工人们呢?

蛇无头不行,同事们之间一起工作,在上司不在的时候,也往往有一个因威望、资历或年龄而自然形成的"头儿",或上司临时委派一个同事带着大家一起做点工作。

问题是,同事之间属于平级,并无隶属关系,有时候,被领导的人往往还比临时领导者的资历要高、年纪更大。所谓名不正则言不顺,被领导的人本来就可能潜藏着不服气的心理,要是担负临时责任的"头儿"再不注意领导的技巧,就常常引起被领导者的反感情绪。类似的情况,在权力比较小的基层干部领导其他员工工作时,也不同程度地存在着。人们常说,兵头将尾最难当,问题就在于此。

这就要求,暂时担负领导责任的人,在要求其他同事配合自己工作时,需要注意工作态度和工作方法。否则的话,就很容易造成顶牛现象,不仅工作干不好,还会把同事关系搞僵。

没有职权或没有足够的权威,却去领导人,有时候是很恐怖的,因为你的领导在某种程度上是不那么合理的,人家的不服从或反对却是合理的。

能让自己无权领导的人服服帖帖地听自己的话，的确是考验一个人有没有资格当领导的重要标准呢。

在要求我们无权领导的同事配合工作时，可以采用的技巧有这样两个：那就是让被领导者自主选择服从领导的方式和从情感的角度跟同事说明问题。

提供多个选项，让被领导者有选择被领导方式的自主性

你会怎样教育孩子听话呢？要是你的孩子在应该睡觉的时候不肯上床睡觉或者不肯穿衣服，你是怎么处理的？一个非常有效的方法是利用前面说过的第一个技巧：让孩子自主选择被领导的方式。通过给小孩提供一些实际上都符合你的要求的选项，让小孩在服从你的过程中有主动参与的成分，小孩就会乖乖地跟你合作了。

比如习惯上我们可能会直接跟小孩说："吃饭了，赶紧坐到桌子旁边去。"小孩听了命令，就可能有抵触情绪，继续到处乱跑。但要是我们这样跟孩子说："吃饭了，你想坐在窗户旁边还是坐在电视对面啊？"小孩就会觉得自己是比较自由的，想干啥就干啥，就会乐于听从你的命令。在心理上没了抵触，行动上就会立刻跟你合作。

这个规律不仅适用于孩子，也适用于成年人。研究显示，有些处于监禁状态缺乏行动自由的犯人，会试图对自己的生活环境进行控制，比如移动床的位置，来回调整活动室的电视机的亮度和色彩浓度，而这些行为会在一定程度上缓解他们的心理压力，降低其暴力倾向。还有研究表明，那些被授予灵活机动权力的员工，在完成工作时往往有更高的积极性。

魔力悄悄话

人，需要一种能够自由支配自己行动的安全感。要是他们得不到这种安全感，他们就会陷入焦虑，严重的情况下就会导致逆反行为。长此以往，还有可能导致行为和心理问题。

诚信是友情的基石

把纯洁的友情看成是金钱附庸的人,在生活中比比皆是,他们对权势钱财看得特别重,谁有权有势就巴结逢迎,以求利用,谁有钱有势,便趋之若鹜,这种人不问是非曲直,吃吃喝喝就能混在一起,打着"朋友"的旗号,追求实利,这种"合作"带有明显的铜臭味。

这种势利朋友容易得到合作者,也容易失去合作者,容易结交也容易散伙。这种友谊是建立在权势钱财和杯盘烟酒之上的,是极端自私、虚伪的,带有极大的欺骗性和危害性,这种"友谊"是难以长久的。

日常生活中,我们也会遇到这样的情况,当你取得成绩,有了荣誉之后,有的人殷勤地向你表示友好;而当你遇到挫折和困难时,他们则躲得远远的。这种讲实惠的实用主义性格是可鄙的。

有的人对那些于自己有用的"朋友",就千方百计地加以笼络,对暂时用不上而将来有所求的"朋友",则滑头滑脑,若即若离地维持;对曾经有用,今后不再有用的"朋友",则置之脑后似乎不曾相识;对那些过去有恩于自己,后来陷于困境需要他帮助的,则忘恩负义,有的甚至趁火打劫、落井下石。

这些人的交友之道与做人最起码的道德格格不入。古希腊的政治家伯利克里说过:**"我们结交朋友的方法是给他人以好处,而不是从别人那里得到好处。"**这句话道出选择朋友的道德标准。

势利之人之所以与你交往,看重的是你的权力、财富、美色,而一旦你失势、破财、人老珠黄,他就会弃你而去,与这种人实无友爱可谈。居里夫人说过这样一句名言:**"一个人不应该与被财富毁了的人来往。"**并警告我们不要交酒肉朋友,势利朋友,不要与势利之徒搞在一起,结成所谓的合作者。而这样的人是无法获得真正的友谊的。

酒肉之交不是朋友,患难才见真情。交友要有分寸,择友要讲究缘分。交友重在相互帮助,相互提高,共同面对人生的磨难,交友不慎会留下终生遗憾。

如果我们想交朋友，就要先为别人做些事情——那些需要花时间、精力、体贴、奉献才能做到的事。

现代人生活忙忙碌碌，没有时间进行过多的应酬，日子一长，许多原本牢靠的关系，就会变得松懈，朋友之间逐渐互相淡漠。这是很可惜的。

"敢问情为何物，直叫人生死相许"，作为一个普通人都难逃脱一个"情"字。尽管当今社会有一句话："认钱不认人。"但是"人情生意"从未间断过。人既然能够为情而死，那么为情而做生意，又有什么不可？想想也是人之常情。

所以，**营造关系网，也需"感情投资"**。

让我们以做生意为例，所谓"感情投资"，说简单点，就是在生意之外多一层相知和沟通，能够在人情世故上多一份关心，多一份相助？即使遇到不顺当的情况，也能够相互体谅，"生意不成人情在"。

很多人都有忽视"感情投资"的毛病，一旦关系好了，就不再觉得自己有责任去保护它了，特别是在一些细节问题上，例如该通报的信息不通报，该解释的情况不解释，总认为"反正我们关系好，解释不解释无所谓"，结果日积月累，形成难以化解的问题。

更糟糕的是，人际关系亲密之后，一方总是对另一方要求越来越高，总以为别人对自己好是应该的；对方稍有不周或照顾不到，就有怨言。长此以往，很容易形成恶性循环，最后损害双方的关系。

可见，**"感情投资"应该是经常性的，不可似有似无。从生意场到日常交往，都应该处处留心，善待每一位关系伙伴，从小处、细处着想，时时落在实处**。

在这个世界上，人人都承认在人生经历中最为有益的事即是友情。生活中拥有友情的人得到了众口同声的赞美。

友情是于不知不觉中就走进生活里来的，因此，生活中是不能没有友情的。人性是不喜孤独的，是需要扶助的，而亲爱的朋友便是能给你最好扶助的人。

珍惜你所拥有的真挚的友情与真正的爱情，它能使你变得高尚，使生命变得更加充实。一切身外之物都不难得，难得的是一颗相通的心。

要使友谊之树深深扎根，根深叶茂，要得到朋友，就需要付出真诚。**用真诚相待，才能换来真诚的朋友**。如果把友谊仅仅局限于两三个人的小圈子里,而不愿与更多的人交往,不仅可能使自己失去与更多的人互相学习、互相交流的机会,而且使自己的视野狭窄,生活内容单调。因此,应该与更多的人交往。

魔力悄悄话

　　在这个世界上,人人都承认在人生经历中最为有益的事即是友情。生活中拥有友情的人得到了众口同声的赞美。友情是于不知不觉中就走进生活里来的,因此,生活中是不能没有友情的。人性是不喜孤独的,是需要扶助的,而亲爱的朋友便是能给你最好扶助的人。珍惜你所拥有的真挚的友情与真正的爱情,它能使你变得高尚,使生命变得更加充实。一切身外之物都不难得,难得的是一颗相通的心。

要么不说，说了就要做到

帮助别人是好事，但是一定要量力而行，不能打肿脸充胖子。**答应帮助别人，就一定要信守自己的诺言。**所以，在帮助别人之前首先看自己能不能办到，如果没有把握就不要轻易对别人承诺。这是人人都明白的道理，可总有那么一些人不自量力，对朋友请求帮助的事情一口答应下来，事情办好了什么事也没有，假如办不好或只说不做，那就是不守信用，朋友就会埋怨你。

对于一个有权力的人来说更应该注意这一点，因为你有权，亲戚朋友托你办事儿的人一定不少。这时你应该好好考虑考虑，不能轻易答应别人。有的朋友求你帮忙的事可能不符合政策，这样的事最好不要许诺，而是当面跟朋友解释清楚，不要让朋友心存误会，认为你不愿帮忙；有的朋友找你办的事可能不违反政策，但确有难度，就需要跟朋友事先说明，这件事难度很大，我只能试试，办成办不成很难说，你也不要抱太大希望，这样做是给自己留有余地，万一办不成，也会有个交代。

当然，**对于那些举手之劳的事情，还是尽量答应朋友去办，但答应了后，无论如何也要去办好，不可今天答应了，明天就忘了，万万不能失信于人。**

我们在这里强调不要轻率地对朋友做出承诺，并不是说要一概回绝，而是要三思而后行。尽量不说"这事没问题，包在我身上了"之类的话，要给自己留一点余地。不经过考虑而随便承诺，只能害人害己。

春节联欢晚会上郭冬临曾演出这样一个小品：一个老实巴交的人担心自己的领导和同事会看不起自己，就假装自己手眼通天，别人求他办事，不管有多大困难一概来者不拒。为了帮别人买两张卧铺票，不惜自己通宵排队，结果不但自己吃苦不说，还闹出了一连串的笑话。

有时候，一些比较不错的朋友托你办事时，你为了保全自己的面子，或为给对方一个台阶，往往对对方提出的一些要求，不加分析地加以接受。但不少事情并不是你想办就能办到的,有时受各种条件、能力的限制,一些事是很可能办不成的。因此,当朋友提出托你办事的要求时,你首先得考虑这事你是否有能力办成,如果办不成,你就得老老实实地说,我不行。随便夸下海口或碍于情面都是于事无补的。

有人来托你办一件事,这人必有计划而来,最低限度,他已准备好怎样说了。你这方面,却一点儿准备都没有,所以,他可是稳占上风的。

他托的事,可为或不可为,或者是介乎两者之间,你的答复是怎样呢?许多人都会采取拖的手法,"让我想想看,好吗?"这话常常会被运用。

有些时候,许多人会做一种不自觉的承诺,所谓"不自觉的承诺",就是"自己本来并未答允,但在别人看来,你已有了承诺"。这种现象,是由于每一个人都有怕"难为情"的心理,拒绝属于难为情之类,能够避免就更好。

但要记住,现在大多数人都喜欢"言出必行"的人,却很少有人会用宽宏的性格去谅解你不能履行某一件事的原因。因此,拿破仑说:**"我从不轻易承诺,因为承诺会变成不可自拔的错误。"**

"你的承诺和欠别人的一样重要。"这是人们的普遍心理。

当对方没有得到你的承诺时,他不会心存希望,更不会毫无价值地焦急等待,自然也不会有被拒绝的惨痛。相反,你若承诺,无疑在他心里播种下希望,此时,他可能拒绝外界的其他诱惑,一心指望你的承诺能得以兑现,结果你很可能毁灭他已经制订的美好计划,或者使他延误寻求其他外援的机会,一旦你给他的希望落空,那将是扼杀了他的希望。

事物总是发展变化的,你原来可以轻松地做到的事可能会因为时间的推移、环境的变化而有了一定的难度。假如你轻易承诺下来,会给自己以后的行动增加困难,对方因为你现在的承诺而导致将来的失望。因此,即使是自己能办的事,也不要轻易承诺,不然一旦遇上某种变故,让本来能办成的事没能办成,这样一来,你在他人眼里就成了一个言而无信的伪君子。对时间跨度较大的事情,可以采取延缓性承诺。

东汉末年,华歆、王朗一同乘船逃难。有一个人要搭船,华歆很为难,王朗说:"希望你大度一些,只是搭搭船有什么不可以?"后来强盗追来,王朗想把搭船的人扔掉,华歆说:"我刚才之所以犹豫,正是因为这个,既然已经接纳了他,他把自己托付给我们了,怎么能由于危难而抛弃他呢?"世人以这件事评价华歆和王朗的好坏。

　　信守诺言是人的美德,有人把自己的信誉看得比生命还重要。但是有些人在生活中或生意上经常不负责地许各种诺言。却很少能遵守,结果失信于人,给人留下很坏的印象。假如你答应要做某件事,就必须办到;假如你办不到或是觉得得不偿失,就不要答应别人,你可以找任何借口来推辞,但绝不要随口说:"没问题!"假若实在不好推脱,也不要把话说死,你说试试看而没有做到,那么你给对方留下的印象就是:你曾经试过,结果失败了。别人也不会责怪你不守信用。

　　你的信用能给予别人良好的印象,在这个社会中再没有什么比别人的信任更珍贵。因此,你在接到别人的请求时,一定要考虑清楚,千万不要轻易许诺。许了诺,便一定要不惜一切代价去遵守,即使没有成功,别人也会为你的性格所打动,他们会认为你是一个讲信誉的人,从而会信赖你,有了众人的信赖你在生活中才有可能立于不败之地。

　　为人处事,应当讲究言而有信,行而有果。因此,承诺不可随意为之,信口开河。明智者事先会充分地估计客观条件,尽可能不做那些没有把握的承诺。

　　须知,有了承诺,就应该努力做到,千万不要乱开"空头支票",不然不仅伤害了对方,还会毁坏自己的声誉,使你在社会上难有立足之处。

魔力悄悄话

　　当对方没有得到你的承诺时,他不会心存希望,更不会毫无价值地焦急等待,自然也不会有被拒绝的惨痛。相反,你若承诺,无疑在他心里播种下希望,此时,他可能拒绝外界的其他诱惑,一心指望你的承诺能得以兑现,结果你很可能毁灭他已经制订的美好计划,或者使他延误寻求其他外援的机会,一旦你给他的希望落空,那将是扼杀了他的希望。

感激朋友的关怀

亲爱的朋友,真心地想对你说三个感谢:第一个,谢谢你让我走入你的生命,做你的朋友,或许我不是你最精彩的,但是我会尽力做到最好的;第二个,谢谢你愿意走进我的生命扮演朋友的角色,你不是唯一的,却是我生命中最精彩的部分;第三个,谢谢你这一路走来,很多的包容、安慰、关心……

人生在世,拥有朋友的日子是快乐的。真正的朋友,让我们永远都有一种坚实的依靠,他们不仅愿意和我们同尝甘甜,而且能够和我们共担苦难,甚至以生命来履行对我们的承诺。

在现实生活中,朋友常常是我们日常生活中的伙伴,工作及事业上的推动者。

大学毕业后的哈维·麦凯开始找工作。当时大学毕业生还不多,他以为可以找到最好的工作,结果却徒劳无功。但哈维·麦凯的父亲是位记者,他认识政商界的一些重要人物。

这些重要人物之中有一位叫查理·沃德的人。他是布朗比格罗公司的董事长。四年前,沃德因税务问题而服刑。哈维·麦凯的父亲觉得沃德的逃税案有些失实,于是赴监狱采访沃德,写了一些公正的报道。沃德非常喜欢那些文章,他几乎落泪地说,因为哈维·麦凯父亲的公正报道,才使他很快出狱了。出狱后,沃德问哈维·麦凯的父亲是否有儿子。

"有一个,在上大学。"哈维·麦凯的父亲说。

"什么时候毕业?"沃德问。

"他刚毕业,正在找工作。"

"噢,那刚好,如果他愿意的话,叫他来找我。"沃德说。

哈维·麦凯第二天便打电话到沃德的办公室。刚开始,秘书不让他见,后来哈维提到他父亲的名字三次,才跟沃德有了通话的机会。

沃德在当时就说:"你明天上午 10 点钟直接到我办公室面谈吧!"第二

天,哈维·麦凯如约而至。不想招聘会变成了聊天,沃德兴致勃勃地聊哈维·麦凯父亲的狱中采访,整个过程非常轻松愉快。在聊了一段时间后,他说:"我想派你到我们的对街——'品园信封公司'工作。"

哈维·麦凯站在办公室内,想起一个月前还在街上闲晃的情景,心里美滋滋的。因为,他不但有了一份工作,而且还是到这样一个薪水和福利非常好的公司工作。

事实上,他得到的不只是一份工作,更是他的一份事业。在 42 年后,哈维·麦凯成为全美著名的信封公司——麦凯信封公司的老板。

很多年后,哈维·麦凯还经常说:"感谢沃德,是他给了我工作,是他创造了我的事业。"

感恩朋友,因为他们可能在我们人生道路的关键之处推动我们前行,即使并非如此,朋友的言行也是我们的一面镜子,可以暴露我们的缺点,让我们认识自己的才能,反省自己的言行。**感恩朋友、善待朋友,便是给自己架设一座通往未来的桥梁,同时也是为自己构筑一个幸福的舞台。**

歌德生于贵族之家,25 岁时便写出了轰动欧洲的中篇小说《少年维特之烦恼》。他还曾担任魏玛公国要职并主持大政,可谓声名显赫。

席勒比歌德小 10 岁,出身贫困。还在学校读书时,席勒就为《少年维特之烦恼》深深倾倒,从此开始梦想结识歌德。当歌德回到魏玛城时,席勒想尽一切办法吸引歌德的注意,甚至公开批评歌德的著名剧作《衰格蒙特》,等来的却是漠然。1793 年席勒主持出版文艺杂志《季节女神》,再三向歌德约稿,依然被拒绝。当时 44 岁的歌德已是大师级的权威,而席勒只是一个默默无名的后辈。

席勒并没有放弃。1794 年 8 月 23 日,他给歌德写了一封热情洋溢的信,对歌德表现出了同代人难以企及的深刻理解,这封信终于感动了歌德,二人的友谊从此开始,历久弥坚。

1805 年,席勒病逝,因家境贫困,其遗体被安置在一家教堂的地下室。20 年后,教堂清理地下室时,发现席勒的遗骨已混杂在几十具骷髅之中。年近 70 岁的歌德竟凭着 20 年前那些秉烛夜谈的深刻记忆,辨认出了席勒的骨骸。

人情力——人情翻覆似波澜

在成功的道路上,自身的努力拼搏当然是最重要的力量,但是如果旁边没有人为你摇旗呐喊,摔倒时没有人伸出援手,孤军奋战的你一定会被痛苦压倒,被孤独打败。所以,人生在世,拥有朋友的日子是幸福的,我们应当对朋友的关怀、信任、宽容、善待与援助心怀感激。

魔力悄悄话

感恩朋友,因为他们可能在我们人生道路的关键之处推动我们前行,即使并非如此,朋友的言行也是我们的一面镜子,可以暴露我们的缺点,让我们认识自己的才能,反省自己的言行。感恩朋友、善待朋友,便是给自己架设一座通往未来的桥梁,同时也是为自己构筑一个幸福的舞台。